THADDÄUS SCHINDLER

STAYONFIRE

WIE DEIN GLAUBE IM ALLTAG
SEIN FEUER BEHÄLT

Wenn nicht anders angegeben, sind die Bibelstellen dem Bibeltext der Neuen Genfer Übersetzung – Neues Testament und Psalmen entnommen. Copyright © 2011 Genfer Bibelgesellschaft. Wiedergegeben mit freundlicher Genehmigung. Alle Rechte vorbehalten.

Die weiteren verwendeten Bibelzitate sind wie folgt gekennzeichnet:
NLB – Neues Leben. Die Bibel, © der deutschen Ausgabe 2002 und 2006 SCM R.Brockhaus in der SCM Verlagsgruppe GmbH, Witten/Holzgerlingen.
ELB – Elberfelder Bibel 2006, © 2006 by SCM R.Brockhaus in der SCM Verlagsgruppe GmbH, Witten/Holzgerlingen.

S. 69: „Oceans (Where Feet May Fail)"
Text & Melodie: Salomon Ligthelm & Joel Houston & Matt Crocker
Dt. Text: Martin Bruch
© 2012 Hillsong Music Publishing
Für D, A, CH: CopyCare Deutschland, Holzgerlingen

S. 148: „Raise A Hallelujah" von Jake Stevens, Jonathan David Helser, Melissa Helser, Molly Skaggs
Bethel Music Publishing adm. by Small Stone Media Germany.

Trotz intensiver Recherche konnten nicht alle Rechteinhaber ermittelt werden. Der Verlag dankt für Hinweise.

© 2020 Brunnen Verlag GmbH, Gießen
www.brunnen-verlag.de
Lektorat: Konstanze von der Pahlen
Umschlagfoto: Joél Overbeck
Umschlaggestaltung: Daniela Sprenger
Satz: DTP Brunnen
Druck: Finidr, Tschechien
ISBN Buch 978-3-7655-0736-6
ISBN E-Book 978-3-7655-7170-1

Für das Team hinter STAYONFIRE.
Ihr seid für mich die wahren Helden der Plattform.

Gemeinsam leben wir unseren Traum,
Menschen im Glauben zu ermutigen.

INHALT

EINLEITUNG
Wenn Glaube Feuer fängt – 7

KAPITEL 1
Prozess vor Moment – 25

KAPITEL 2
Die Richtung ist wichtiger als die Geschwindigkeit – 53

KAPITEL 3
Das Feuer im Alltag – 77

KAPITEL 4
Es zeigt Stärke, Schwäche zu zeigen – 105

KAPITEL 5
Dankbarkeit überwindet Traurigkeit – 131

KAPITEL 6
Wo Glaube ist, da ist auch Gebet – 153

KAPITEL 7
Wie schnell bist du bei Plan B? – 175

SCHLUSS
Für die Vision, dich zu ermutigen – 201

DANKSAGUNG
205

EINLEITUNG

WENN GLAUBE FEUER FÄNGT

Berlin, Februar 2012. Tim humpelt die großen Stufen der aufgeheizten Straßenbahn hinauf. Es ist ein kalter und rauer Freitagmorgen. Draußen wird es allmählich heller. Die Umrisse der eintönigen Stadtgebäude, die vor Kurzem noch in schwarze Dunkelheit gehüllt waren, nehmen langsam wieder Gestalt an. Berlin erwacht zum Leben.

Die rote Lampe über der geöffneten Straßenbahntür rechts neben mir beginnt zu blinken. Ein nervtötendes Warnsignal erklingt. Die automatisch gesteuerten Türen schließen sich. Ich sitze im hinteren Teil der überfüllten Straßenbahn. Wie jeden Morgen, wenn es zur Schule geht. Vielleicht ist das Ambiente nicht das schönste, dennoch verspüre ich in diesem gelb lackierten Ding ein gewisses Gefühl von Gemütlichkeit. Jeden Morgen neu. Ich weiß auch nicht so genau.

Vorsichtig nehme ich einen Schluck aus meinem warmen Thermobecher. Schwarzer Tee. Ich spüre, wie die heiße Flüssigkeit langsam durch mein Innerstes strömt. Eine angenehme Wärme breitet sich in meinem Oberkörper aus. Ich schaue durch das zerkratzte Fenster und erkenne auf der anderen Straßenseite frierende Passanten, die offenbar auf eine andere Linie der viel befahrenen Haltestelle warten. Ich fröstele innerlich beim Anblick dieser in der rauen Kälte stehenden

Leute und nehme einen zweiten Schluck von meinem heißen Getränk.

Plötzlich geht ein spürbarer Ruck durch die Straßenbahn. Es scheint weiterzugehen. Von meinem Sitzplatz aus entdecke ich Tim, der in den vorderen Teil der Bahn eingestiegen ist. Er hat gravierende Schwierigkeiten zu laufen. Der enge Gang, der durch die stehenden Fahrgäste fast komplett blockiert ist, macht es ihm doppelt schwer. Unsere Blicke treffen aufeinander. Er versucht, sich zu mir durchzukämpfen. Jeder seiner Schritte scheint ihm einen dumpfen Schmerz durch den Körper zu jagen. *Was hat er nur gemacht?,* überlege ich.

„Ich bin gestern beim Basketballtraining umgeknickt. Und weil ich es nicht lassen konnte, habe ich weitergespielt und bin ein zweites Mal blöd auf meinem Fuß aufgekommen", erklärt er mir etwas erschöpft, nachdem er sich mühsam durch die Straßenbahn gekämpft hat. „O Mann, das tut mir echt leid", sage ich. „Du kannst es offenbar echt nicht lassen." „Du kennst mich", gibt Tim mit einem kleinen Lächeln zurück. Tatsächlich kenne ich ihn. Er ist einer meiner Mitschüler im Abitur. Und was für einer!

Wenn ich ehrlich bin, konnte ich Tim lange Zeit überhaupt nicht leiden. Als er eines Tages von meinem christlichen Glauben erfuhr, wurde ich zur Zielscheibe seiner hitzigen Angriffe. Er liebte es einfach, sich mit anderen anzulegen – und offenbar am liebsten mit mir. Keine Ahnung, warum. Mein Glaube erschien ihm so unsinnig, dass er sich mit einer unberechenbaren Leidenschaft gegen mich stellte. Er hatte Spaß daran, sich über mich lustig zu machen, mich auszulachen und in öffentlichen Diskussionen bloßzustellen.

Ich erinnere mich noch gut daran, wie Tim mir im Biologieunterricht beim Thema Evolution unterschwellig klarzumachen versuchte, dass mein biblischer Glaube völlig überholt sei. Er schaute mich spöttisch an, stichelte mit seinen abfälligen Kommentaren und konnte kaum den triumphalen

Moment abwarten, in dem ich das Handtuch schmeißen würde. Das schien sein höchstes Ziel zu sein. Auf dem Schulhof wiederholte sich das Spiel. O Mann, das war schon echt ein Ding.

Obwohl ich jeden Grund gehabt hätte, Tim den Rücken zu kehren, sagte eine innere Stimme zu mir, dass ich an ihm dranbleiben sollte. Ich fing an, für ihn zu beten, ihn zu segnen und an das Unmögliche zu glauben. Es war verrückt. Je mehr ich für Tim betete, desto größer wurde meine Leidenschaft dafür, ihm von Jesus und seiner heftigen Botschaft zu erzählen. Ich glaube, es war Gottes übernatürliche Liebe, die mich dazu bewegte, Tim nicht abzuschreiben.

Damals wohnte ich noch zu Hause bei meinen Eltern und Geschwistern am südöstlichen Stadtrand von Berlin. Wir hatten ein gemütliches Einfamilienhaus, in dem ich meine gesamte Kindheit verbrachte. Vor Kurzem hatte ich die Leidenschaft für mich entdeckt, mein kleines Zimmer in eine epische Konzerthalle zu verwandeln. Warum auch nicht, oder? Ich stellte mir auf YouTube meine eigene Worship-Playlist zusammen, drehte die Lautstärke voll auf und feierte vor meinem Bildschirm stehend Jesus. Ich liebte es, Gott auf diese Weise großzumachen und für die Menschen in meiner Umgebung zu beten.

Mit meinen „Sessions" beschallte ich beinahe das gesamte Haus. Meine Mama war zu Recht etwas besorgt um unsere Oma, die ein Stockwerk unter uns wohnte. Die dumpfen Bässe der Worship-Songs schienen wohl das größte Problem zu sein. Obwohl ich an meine Zimmertür einen Zettel mit der Aufschrift „Bitte nicht stören" befestigt hatte, kam es öfter vor, dass meine Mama anklopfte und sagte, ich solle leiser machen.

Haha, heute kann ich darüber echt lachen: Ich wollte nicht gestört werden und störte dabei jeden anderen. Durchaus rücksichtsvoll, würde ich sagen ... Doch in diesen Augenblicken gab es für mich eben nur *eins*. Ich war begeistert von Jesus, von seiner Kraft und seiner alles übersteigenden Liebe.

Genau aus diesem Grund wollte ich auch, dass Tim *diesem einen Gott* ganz persönlich begegnete. Ich spürte, dass etwas in der Luft lag und die Geschichte noch nicht zu Ende geschrieben war. Also betete ich in voller Lautstärke und Leidenschaft in meinen „Sessions" für Tim.

Gleichzeitig versuchte ich, in der Schule sensibler mit ihm zu reden, ihm zuzuhören und Chancen zu erkennen. Und tatsächlich bewegte sich etwas in unserem Kontakt. Die Gespräche wurden ehrlicher und tiefgründiger. Tim öffnete sich und wurde neugierig für das, woran ich glaubte. Immer mehr durfte ich verstehen, dass seine krasse Abneigung gegen meinen Glauben eine viel tiefere Wurzel hatte, als ich zuerst angenommen hatte. Völlig verzweifelt suchte Tim nach einem tieferen Sinn im Leben. Er war frustriert, enttäuscht und unzufrieden mit dem, was er tat.

Er konnte es einfach nicht fassen, dass jemand, der einem scheinbar so unsinnigen Glauben nachjagte, so positiv und glücklich sein konnte. Wie war das möglich? Und weil er mein Glück nicht ertragen konnte, sah er seine einzige Möglichkeit darin, mir den Glauben auszureden und mich fertigzumachen. Später erfuhr ich, dass ich nicht der erste Kandidat war, bei dem er das versuchte. Doch vielleicht sollte ich der letzte gewesen sein …

Ich erinnere mich besonders an einen Abend, an dem wir über Facebook ewig hin- und herschrieben. Zum ersten Mal hatte ich die Chance, ihm das Evangelium zu erklären. Es war elektrisierend. Ich hätte es niemals für möglich gehalten, dass wir beide einmal so einen Deep-Talk führen würden. Wahrscheinlich wäre es in der Schule auch nicht dazu gekommen, doch in diesem Moment passierte es online. Ich blendete alles andere aus, fokussierte mich ausschließlich auf den Chat. Unbemerkt verging die Zeit.

Ein tiefes Gefühl von Begeisterung entfachte mein Herz. Gott war gerade dabei, meine Gebete zu erhören! Tim stellte Fragen über Fragen, suchte Antworten, war plötzlich interessiert, aufgeschlossen und tief angesprochen von dem, was ich ihm über meinen Gott aus der Bibel erzählte. Ich schickte ihm ein bekanntes Lied von Planetshakers, um ihm ein Bild davon zu geben, wie sehr der Glaube an Jesus mein Leben bestimmte. Das Lied hieß „Like a Fire". Bis heute verbinde ich mit diesem Song eine unfassbar tiefe Leidenschaft. Tim wollte kaum glauben, wie modern Kirche heute sein kann. Es berührte ihn, die vielen Menschen zu sehen, die mit so einer großen Begeisterung zu diesem einen Jesus sangen.

Am Abend schickte ich ihm noch weitere Videos, die das Evangelium gut auf den Punkt brachten. Schon erstaunlich, oder? Ich benutzte Clips, um die Gute Botschaft zu erklären. Tja, herzlich willkommen im 21. Jahrhundert! Tim bedankte sich für den intensiven Chat und schrieb, dass er sich auf weitere Gespräche freuen würde.

Als wir uns verabschiedet hatten, sank ich erleichtert in meinen Schreibtischstuhl zurück. Heftig! Ich konnte kaum glauben, was gerade passiert war. Langsam griff ich mit der Hand nach der Computermaus und drückte erneut auf PLAY. *Like a Fire.* Andächtig lauschte ich der Musik. Der melodische Sound erfüllte nach und nach jede Ecke meines Zimmers. Ich stand auf. Innerlich bewegt, aufgewühlt, den Tränen nah. „Jesus I'm desperate for You. Jesus I'm hungry for You. Jesus I'm longing for You. Lord You are all I want." Es fühlte sich an, als ob ich für einen kurzen Moment Gottes ungefilterte Liebe spüren konnte. Es war einfach unbeschreiblich. Gott war gerade dabei, denjenigen, der mich am meisten für meinen Glauben auslachte, in seine offenen Arme zu führen. Er war tatsächlich dabei, das Unmögliche zu tun. Und er gebrauchte mich dazu. Er gebrauchte mich, um Tim zu zeigen, wie sehr er ihn liebte. Wahnsinn. Voller Leidenschaft drehte ich die Musik lauter. Ich konnte nicht anders. Oma schlief sicher schon ganz fest …

„Ja, ich glaube, ich kenne dich wirklich ein bisschen", antworte ich augenzwinkernd, während Tim sich am Gestänge der

Straßenbahn festhält. „Ich hoffe, du wirst schnell wieder fit!", ergänze ich voller Zuversicht. „Das hoffe ich auch. Wir haben morgen ein Basketballspiel", erwidert Tim etwas betrübt. „Du willst doch nicht ernsthaft da mitspielen!?", gebe ich überrascht zurück. „Na ja, in dem Zustand macht das wohl tatsächlich keinen Sinn."

Ich kann Tims Enttäuschung gut verstehen. Schließlich ist er einer der größten Sportskanonen, die ich kenne. Für ihn gibt es keine halben Sachen. Entweder ganz oder gar nicht. Und nun steht er da und kann sein Team nicht unterstützen. „Na ja, wird schon", meint Tim, aber ich höre die Resignation in seiner Stimme.

Ein Sitzplatz wird frei. Tim setzt sich erleichtert und atmet durch. *Die Atmosphäre zwischen uns ist wirklich besser geworden nach unseren letzten Gesprächen über den Glauben,* denke ich. Der intensive Chat liegt nur wenige Wochen zurück. Während ich erneut aus dem zerkratzten Fenster gucke, spüre ich plötzlich einen starken Eindruck in meinem Herzen. *Bete für ihn. Ich möchte ihn heilen.* Regungslos und etwas perplex schaue ich unverändert aus dem Fenster. Als hätte mich jemand angesprochen und ich würde so tun, als hätte ich ihn nicht gehört. *Was soll ich machen? – Bete für ihn. Ich möchte ihn heilen,* flüstert es zum zweiten Mal in meinem Inneren.

Die Worte sind so klar, als hätte sie mir mein Sitznachbar gerade ins Ohr gesagt. Dann wiederholt sich der eindringliche Impuls zum dritten Mal. Mittlerweile bin ich überzeugt, dass Gott persönlich zu mir redet. Meine Gedanken überschlagen sich. Fragen rasen an mir vorbei wie die eintönigen Gebäude vor dem Straßenbahnfenster. *Warum ich? Hier in der Bahn? Wie soll ich das machen? Hat Gott wirklich zu mir geredet oder rede ich mir das alles nur ein?* Doch der Eindruck bleibt. Ein tiefes Gefühl von Unsicherheit und Beklemmung überwältigt mich.

Ich konnte zu diesem Zeitpunkt an einer Hand abzählen, wie oft ich jemandem meine Hand aufgelegt hatte, um konkret für übernatürliche Heilung zu beten. Meine Familie kam aus einem christlichen Hintergrund, der ziemlich konservativ eingestellt war und diesen spontanen Wundern nur bedingt Glauben schenkte. Natürlich konnte Gott Krankheiten heilen, doch er würde es heute nicht mehr so tun, wie er es damals durch die ersten Christen getan hatte. So war jedenfalls unser Denken.

Ich möchte an dieser Stelle nicht abwertend über diese Glaubenseinstellung reden. Auch sie hat ihre Geschichte und ihre Argumente. Es wäre falsch, sie als kleingläubig abzustempeln. Es stehen nur andere Dinge im Mittelpunkt. Als ich noch ein Kind war, entschlossen sich meine Eltern, zusammen mit ein paar anderen Leuten einen neuen Schritt zu wagen. Sie verließen die bekannten Kreise und steckten ihre Energie in Gemeindegründungsprojekte in Berlin. Allerdings kam auch dort eine Vielzahl der Besucher aus ziemlich konservativen Gemeinden, wodurch das Erleben von spontanen Heilungen und Wundern nicht gerade im Fokus stand. So hatte ich nur wenig bis gar keine Berührung mit diesen Erfahrungen. Trotzdem lebte ich meinen Glauben mit voller Leidenschaft.

Rückblickend würde ich sagen, dass mir manchmal einfach der Horizont fehlte, um zu begreifen, was Gott heute alles noch tun konnte. Daran änderte unter anderem die *Jesus Culture Konferenz* im Oktober 2011 in Berlin etwas. Sie erweiterte meinen Radius tatsächlich auf eine besondere Weise. Selten zuvor habe ich erfahren, was es bedeutet, Gott ganz konkret einzuladen, übernatürlich zu wirken. Und das erlebte ich dort. Menschen wurden durch Gebet geheilt, an anderen Stellen wurde prophetisch in das Leben einzelner Teilnehmer gesprochen. Es war wirklich krass.

Gleichzeitig hörte ich auf der Konferenz bewegende Geschichten von gewöhnlichen jungen Leuten, die mit Gebet und Glauben ihre Schule positiv veränderten. Das war einfach abgefahren. All die Geschichten entfachten in mir ein stärkeres Feuer für Jesus. Ich verstand, dass da mehr ist. Mehr von Gott. Mehr zu erleben.

Am Samstagabend, den 1. Oktober 2017, spielten Jesus Culture in ihrem Konzert das Lied „Come Away", in dem es heißt: „Come away with me. I have a plan for you. It's gonna be wild." Während ich da in der Masse von Leuten stand, traf ich für mich die Entscheidung: „Ja, Gott, hier bin ich. Ich möchte deinem Plan folgen. Gebrauche mich und rock mein Leben." Auch wenn ich nichts dabei spürte oder sonst irgendetwas passierte, wusste ich tief in meinem Herzen, dass ich einen entscheidenden Entschluss gefasst hatte. Einen Entschluss, der mich ein Leben lang begleiten würde.

Auf der Konferenz traf ich außerdem einen flüchtigen Bekannten, für den diese übernatürlichen Geschichten ganz natürlich waren. Er hieß Simon und war nur ein paar Jahre älter als ich. Wir beschlossen, uns nach der Konferenz zu treffen, um uns über diese Dinge auszutauschen. Und das taten wir auch. Im Rückblick kann ich sagen, dass diese neu gewonnene Freundschaft wirklich ein göttliches Timing hatte. Durch Simon lernte ich ganz neu, was es heißt, Gott mehr Raum in seinem Alltag zu geben. Simon war es auch, der mich auf die Idee brachte, in meinem Zimmer Worship zu machen. Das hatte ich zuvor überhaupt nicht auf dem Schirm gehabt. Und so wurden aus einem Treffen mehrere Treffen und aus einem flüchtigen Kontakt eine Freundschaft. Eine Freundschaft, die mich auf den Moment in der Straßenbahn vorbereitete.

Da sitze ich also fünf Monate nach dieser besonderen Konferenz und Gott gibt mir den Eindruck, für Tim zu beten. Ich erinnere mich an die großartigen Geschichten, die ich dort gehört hatte. *Vielleicht ist jetzt der Moment, in dem Gott auch mich gebrauchen möchte, um ein Wunder zu tun,* denke ich.

Ich stehe von meinem Sitz auf, trete entschlossen auf Tim zu und frage ihn, ob ich für seinen Fuß beten kann. Tim nickt verdutzt. Während alle Menschen um uns herum zugucken, gehe ich im Gang auf die Knie und berühre seinen verknacksten Fuß. Ich bete laut mit Glauben. Dann frage ich, ob es besser geworden ist ...

Nein, das kann ich nicht machen, niemals!, bringe ich die Szenerie, die in meinem Kopf Fahrt aufgenommen hat, zu einem abrupten Halt. *Es muss einen anderen Weg geben, für ihn zu beten!*

Plötzlich kommt mir eine Idee. Heute ist Freitag. Tim hatte sich nach unserem intensiven Chat auf Facebook dazu entschieden, mit in unsere Jugendgruppe zu kommen. Wir treffen uns jeden Freitag um 18 Uhr in den Gemeinderäumen. Er ist nun schon zwei Mal dort gewesen und betonte hinterher immer, wie sehr es ihm gefallen habe. Auch heute wollte er dabei sein. *Yes! Das ist meine Möglichkeit. Heute Abend werde ich für ihn beten,* beruhige ich mich selbst.

Ich nehme den letzten Schluck aus meinem Thermobecher, bevor Tim und ich die Zielstation erreichen. Marktplatz Adlershof. Wir steigen aus. Mittlerweile ist es kurz nach halb acht. Langsam überqueren wir die Hauptstraße und biegen in eine schmale Nebenstraße ein. Mühsam kämpft sich Tim Schritt für Schritt voran. Vor uns und hinter uns laufen andere Schüler zum Schulgebäude. Etwas unsicher sage ich leise zu Tim: „Du, weißt du was, Tim? Ich werde heute Abend mal für deinen Fuß beten. Das liegt mir auf dem Herzen. Gott kann deinen Fuß heilen." Erstaunt und etwas überrascht gibt Tim zurück: „Wirklich? Gerne!"

Das gesamte Mitarbeiterteam der Zapfsäule – so nannte sich damals meine Jugendgruppe – hatte die grauen Kellerräume unserer Gemeinde in eine coole Event-Location für Jugendliche umgestaltet. Freshe Farben, nice Einrichtung und fette Technik. Wir hatten alles da, was wir brauchten. Billard, Tischkicker und eine legendäre Tischtennisplatte. Das volle Programm. Den Hauptraum hatten wir mit einer selbst gebauten Tribüne zu einem richtigen Eventsaal aufgerüstet. Dort machten wir unsere Worship- und Inputsessions.

Wir waren ein begeistertes Mitarbeiterteam von 10 bis 15 Leuten und veranstalteten als Zapfsäule jeden Freitag einen bunten Abend voller Action, Musik, Essen, Spaß und Input. Es kamen immer so zwischen 30 und 40 Jugendliche, die hauptsächlich aus den umliegenden Dörfern und Städten Brandenburgs anreisten. Wir versuchten, mit unseren christlichen Events etwas anzubieten, was Jugendliche auf dem Dorf vermissten. Action, Lautstärke und Jugendklub-Feeling. So wurde unsere Zapfsäule zu einem echten Anziehungspunkt für junge Leute am südöstlichen Speckgürtel von Berlin.

Am Abend sitzen Tim und ich auf der selbst gebauten Tribüne im Hauptsaal der Zapfsäule. Im Hintergrund läuft leise Worship-Musik. Die Stimmung ist andächtig. Es ist eine Zeit, in der sich jeder ganz persönlich die Zeit nehmen kann, mit Gott in Verbindung zu treten. Einige beten leise vor sich hin, andere sitzen einfach nur still da, wiederum andere malen etwas auf einem weißen Stück Papier und geben so ihren Gedanken einen kreativen Ausdruck.

„Kann ich jetzt für dich beten?", flüstere ich Tim zu. Dankbar und erleichtert, dass jemand diese befremdliche Stille unterbricht, gibt Tim leise zurück: „Ja, gerne." Der Zustand des Fußes ist über den Tag nicht besser geworden. Ganz im Gegenteil. Tim konnte heute Abend bislang nur durch die energiegeladene Zapfsäule humpeln. *Ein Wunder, dass er überhaupt gekommen ist,* denke ich.

Nun lege ich meine Hand auf seinen Fuß und fange an zu beten. Lautlos. Für mich allein. In Gedanken. Ehrlich gesagt, bin ich ganz dankbar dafür, dass die Stimmung im Raum so andächtig ist. Ein lautes Gebet würde da definitiv nicht passen. Zumal Tim eh keine Erfahrungen mit Gebet hat und somit auch nicht erwartet, dass ich laut für ihn bete. *Jesus,* sage ich in Gedanken, *du kannst diesen Fuß heilen. Es geht allein um deine Ehre. Lass Tim erleben, dass es dich gibt. Bitte heile seinen Fuß, in deinem Namen.* Ich fühle mich unsicher, und weil mir die Worte ausgehen, wiederhole ich mein Gebet. Einmal, zweimal, immer so weiter.

Mit einem Mal merke ich, wie mein Glaube für Gottes Wunder zunimmt. *Ja, Gott, schenke mir den Glauben, dass du heute immer noch Wunder tust. Du bist fähig!* Während sich in meinem Herzen eine lautlose Stimme zu Gott erhebt, sitzt Tim ahnungslos mit geschlossenen Augen da und hält geduldig die Stille aus. Nachdem ich 5, wenn nicht sogar 7 Minuten immer dasselbe gebetet habe, sage ich mit gedämpfter Stimme Amen.

Ohne dass ich ihn dazu auffordere, streckt Tim seinen verstauchten Fuß aus. Langsam lässt er seine Fußspitze kreisen und bewegt den kaputten Knöchel. Völlig perplex schaue ich auf seine Bewegungen, die schneller werden. Ich kann es nicht fassen. Plötzlich steht Tim auf und versucht, auf dem kaputten Fuß aufzutreten. Langsam berührt Tims Fuß den Teppich, bis schließlich sein gesamtes Körpergewicht auf seinem Fuß lastet. „Ich habe keine Schmerzen mehr! Ich kann wieder normal auftreten. Mein Fuß funktioniert wieder einwandfrei!", verkündet Tim freudestrahlend. „Krass", gebe ich völlig überfordert zurück. Ich kann es selbst nicht fassen. Was ist hier gerade passiert? Hat Gott tatsächlich durch mein kindliches Gebet Tims Fuß geheilt?

So etwas Verrücktes habe ich noch nie erlebt! Die stille Gebetszeit war bereits kurz vor meinem Amen offiziell beendet worden. Als die umstehenden Leute begreifen, was passiert ist, sind sie ebenfalls außer sich vor Staunen. Tim, der eben gerade noch wie ein Patient durch die Zapfsäule gehinkt ist, kann nun plötzlich normal laufen. Nein, viel mehr noch: Er kann springen, rennen – das volle Programm. „Das gibt's doch gar nicht!", sagt Tim immer wieder erstaunt und überschüttet mich mit seiner Dankbarkeit.

„Gott liebt dich, Tim, deshalb hat er dich geheilt", versuche ich, ihm die Sache zu erklären. Dabei bin ich selbst komplett geflasht von dem, was Gott gerade getan hat. Als Tim sich auf den Weg zur Tischtennisplatte macht, um „Rundlauf" zu spielen, kommen in mir Zweifel hoch. *Das ist viel zu riskant! Nachher kommt der stechende Schmerz in seinem Fuß doch wieder,* dreht es sich in meinen Gedanken.

Doch Tim ist nicht aufzuhalten. Mit voller Geschwindigkeit rennt er bereits um die Platte und ist dort auch für den restlichen Abend nicht mehr wegzubekommen. Warum Tischkicker oder Billard spielen, wenn der Fuß wieder tipptopp funktioniert? Immer wieder schaue ich skeptisch zur Tischtennisplatte und beobachte Tim. Ich bin immer noch total von den Socken. *Gott du bist überragend. Du lebst und schreibst Geschichte. Danke! Danke! Danke!,* juble ich innerlich.

Als die Zapfsäule vorbei ist und wir uns alle wieder auf den Heimweg machen, bekomme ich von Tim eine SMS. Er schreibt mir, dass er während des Gebets richtig gespürt hat, wie Gott seinen Fuß heilt. Außerdem sei seine starke Schwellung, die er vor dem Gebet noch hatte, komplett verschwunden. Einfach verrückt. „Danke, dass du für mich gebetet hast, Thaddäus!"

Direkt am nächsten Morgen erzähle ich meiner Familie am Frühstückstisch von dem Wunder, das Gott gestern in der Zapfsäule getan hat. Während ich noch die SMS von Tim vorlese, bricht mein Papa unkontrolliert in Tränen aus. Es ist so ein göttlicher Moment, in dem wir alle Gottes ungefilterte Liebe und Kraft spüren können. Sie haut uns einfach um.

Ohne Zweifel war dieses übernatürliche Wunder für uns alle eine neue Erfahrung. Obwohl meine Eltern aus dem besagten Hintergrund kommen, hatten sie seit einigen Jahren eine erwartungsvolle Offenheit gegenüber dem Übernatürlichen entwickelt. So saßen wir nun da: tief bewegt, ergriffen und völlig erstaunt. Niemals werde ich diesen Moment vergessen. Es fühlte sich an, als wenn uns Gott ganz persönlich eine Botschaft überbringen wollte: „Bei mir ist nichts unmöglich. Glaubt und ihr werdet mir begegnen."

Tim war zu diesem Zeitpunkt gerade auf dem Weg zu seinem Basketballspiel, das er nun doch voller Freude bestreiten konnte. Zu gern hätte ich das Gesicht seines Coachs gesehen. Tims späteren Berichten zufolge war er völlig perplex wegen seines

**BEI MIR IST
NICHTS UNMÖGLICH.
GLAUBT UND IHR
WERDET MIR
BEGEGNEN. GOTT**

geheilten Fußes. Schließlich hatte er ja noch am Donnerstag gesehen, wie Tim zweimal umgeknickt war. Unvorstellbar.

Für Tim war dieses Erlebnis ein kompletter Wendepunkt in seinem Leben. Er entschied sich voller Überzeugung für Jesus und nahm seine Vergebung für all die Schuld an, die er mit sich trug. Durch Gottes Gnade erlebte Tim eine innere Freude und Ruhe, die er niemals zuvor gespürt hatte. Gott krempelte sein Leben völlig um. Selbst wenn er harte Kritik von seiner Familie einstecken musste: Tim blieb im Glauben dran.

Dieses Wunder, das an einem Freitagabend im Februar 2012 geschah, war ein echter Startschuss. So kam es, dass Tim – derjenige, der mich am meisten für meinen Glauben ausgelacht hatte – nach seiner Entscheidung für Jesus auf dem Schulhof stand und mit einer Bibel in der Hand von seinem Glauben erzählte. Und das tat er mit einer noch größeren Leidenschaft als ich. Tim hatte etwas in seinem Leben gefunden, was er einfach jedem weitergeben wollte: eine neue Perspektive. Eine ewige Hoffnung. Einen erfüllenden Lebenssinn. Er hatte ganz einfach das gefunden, wonach er gesucht hatte.

Auf seiner Suche hatte er viel Mist gemacht. Später erzählte mir Tim, dass er bereits sechs Schüler durch Mobbing von seiner ehemaligen Grundschule vertrieben hatte. Heftig! Er hatte nichts anderes im Sinn, als Menschen fertigzumachen. Besonders die, die irgendetwas mit Glauben zu tun hatten. Auch ich sollte einer dieser Kandidaten werden. Dabei merkte Tim gar nicht, dass er selbst der Schwache war, der seine scheinbare Stärke darin suchte, andere rundzumachen. Doch Gott liebte Tim so sehr, dass er gerade ihn, der bewusst andere verletzte, innerlich heilen wollte.

Heute ist Tim immer noch im Glauben dabei. Vielmehr noch: Er studiert Theologie und möchte hauptberuflich Menschen von Jesus und seiner Botschaft erzählen. Sein Herz brennt dafür, Gott großzumachen und Menschen bedingungslos zu lieben. Jedes Mal, wenn wir uns treffen, erinnere ich mich daran, wie alles begann. Und es ist wirklich unvorstellbar.

Mittlerweile sind ungefähr acht Jahre vergangen. Seitdem hat sich eine Menge getan. Aber so eine starke Story habe ich bis heute kein zweites Mal erlebt. Doch darum geht es für mich gar nicht. Der Glaube entwickelt sich in acht Jahren weiter. Man geht hier und da durch heftige Zweifel, erlebt bittere Enttäuschungen im Glauben und wird auch mal „lau", wie es die Bibel so passend ausdrückt. Ja, auch der Typ von STAYONFIRE.

Doch auf meinem Weg durch Höhen und Tiefen ist diese Begegnung mit Gottes Liebe ein echter Ankerpunkt. Ein Orientierungspunkt, wenn ich im Glauben an Fahrt verliere. Damit meine ich nicht, dass ich die Vergangenheit erneut erleben möchte. Gottes Zukunft ist so viel größer, als dass wir unser Leben in der noch so schönen Vergangenheit leben müssten. Nein, es gibt Neues zu entdecken. Andere Dinge. Größere, aber auch kleinere.

Und genau auf diese Reise möchte ich dich in diesem Buch mitnehmen. Zweieinhalb Jahre später, im Oktober 2014, sollte ich mit einem guten Freund STAYONFIRE gründen. Ein Projekt, das mein Leben völlig verändert hat. Dieses Buch erzählt seine und meine Geschichte. Von Anfang an. Und ich würde lügen, wenn ich sagen würde, dass die Geschichte von Tim nicht zum Anfang dazugehört.

Also, lasst uns aufbrechen in ein echtes Abenteuer!

KAPITEL 1

PROZESS VOR MOMENT

DIE IDEE BEKOMMT EINEN NAMEN

Berlin, Juni 2013. In meine Gedanken vertieft, laufe ich den schmalen Fußgängerweg entlang. Würde ich ahnen, was gleich passiert, würde ich wohl tanzen, nicht gehen ... In meiner rechten Hand halte ich eine abgenutzte Supermarkttüte mit frischen Sportsachen. Der stressige Schultag ist vorbei und ein sonniger Nachmittag liegt vor mir. Herrlich!

Bevor ich mit der Berliner Straßenbahn nach Hause fahre, möchte ich heute das Fitnessstudio in der Nachbarstraße meiner Schule ausprobieren. Schließlich gehört es zu der Fitnesskette, bei der ich sowie mein Abo habe. Warum also nicht direkt nach der Schule erst mal ordentlich trainieren gehen?

Während ich in Gedanken schon bei den ersten Sätzen Bankdrücken bin, entdecke ich ein paar Hundert Meter entfernt vor mir das Logo der bekannten Fitnesskette auf einem großen Gebäude. Ich schaue mich um. Das Industriegebiet scheint hier zu beginnen. Bürogebäude links von mir. Aldi rechts.

Plötzlich entdecke ich hinter dem Aldi etwas, was meine Aufmerksamkeit sofort fesselt. Ein lang gezogenes Gebäude. Scheint neu zu sein. Ich gucke genauer hin. Das Teil wirkt wie ein langer Tunnel. Ein Auto fährt langsam hinein. „Textile Autowäsche" lese ich auf dem unübersehbaren Schriftzug des ungewöhnlichen Gebäudes. Darüber in noch größerer Schrift der Firmenname: STAYCLEAN.

Neugierig komme ich der Waschstraße etwas näher. So nah, dass ich ins Fenster des Service-Häuschens gucken kann, das am Kopfende des Tunnels steht. Die Kunden ziehen hier wahrscheinlich ihr Ticket und fahren dann gemütlich durch die Waschstraße. Drinnen entdecke ich einen jungen Mitarbeiter, der gemütlich auf seinem Schreibtischstuhl sitzt und auf den nächsten Kunden wartet. Auf seinem knallroten T-Shirt lese ich noch mal in weißen Großbuchstaben: STAYCLEAN.

In diesem Moment macht es mit einem Mal klick in meinem Kopf. Ein Gedanke kommt wie ein Blitz aus dem Himmel geschossen. Boom! *STAYONFIRE*. So soll der Blog heißen! *STAYONFIRE!* Ja, das ist es! Ich könnte hüpfen und springen vor Freude und mein ganzes Gesicht strahlt.

Nachdem sich Tim im Februar 2011 entschieden hatte, mit Jesus ganze Sache zu machen, verstärkte sich unsere Freundschaft mit der Zeit immer mehr. Wir sprachen über den Glauben, ermutigten uns gegenseitig und aßen oft gemeinsam nach der Schule einen guten Berliner Döner. So lecker!

Die Atmosphäre zwischen Tim und mir war viel besser geworden. Wir hatten nun etwas, was uns wirklich miteinander verband. Irgendwann entschieden wir uns sogar, jeden Morgen vor Schulbeginn eine Runde um den Block zu laufen und für die Schüler und Lehrer zu beten. Während wir die Nebenstraßen des Gymnasiums abliefen und leise Gebete flüsterten, zogen wir ein imaginäres Rechteck um das Schulgebäude. Wir waren davon überzeugt, dass Gott die Schule segnen wollte. Und dass er noch starke Dinge an den Menschen tun konnte, die dort fast täglich ein- und ausgingen.

Und das tat er auch. Neben Tim zeigte damals auch Toni, ein anderer Mitschüler von mir, Interesse am christlichen Glauben.

Toni war weitaus entspannter, was meine Überzeugungen anging. „Ich find's cool, dass du deinen Glauben hast", sagte er zu mir, „aber für mich ist vieles einfach nicht nachvollziehbar." Das konnte ich gut verstehen. Schließlich wusste auch ich, dass ich nicht auf alle Fragen eine Antwort hatte.

Trotz seiner Zweifel entschied sich Toni, auch mal zu unserer Jugendgruppe mitzukommen. Aus einem Mal wurden zwei, aus zwei wurden drei Mal. Mit der Zeit lernte Toni die Leute immer besser kennen, und obwohl er mit dem Glauben immer noch nicht richtig etwas anfangen konnte, mochte er das chillige Zusammensein, die coolen Aktionen und den Spaß, den man in der Zapfsäule haben konnte.

Doch irgendwann wurde Toni nachdenklich. *Was hat das alles mit mir zu tun? Liebt Gott auch mich? Ist der Glaube auch für mein Leben entscheidend?*

Ich erinnere mich noch gut daran, wie Toni mir auf einer längeren Autofahrt erzählte, wie gerne er glauben würde, es jedoch irgendwie nicht hinbekäme. Wir saßen auf der Rückbank eines VW-Busses, der gerade über die brandenburgische Autobahn zischte. Währenddessen versuchte ich, Toni klarzumachen, dass Gott selbst aus einem winzigen Glauben etwas richtig Großes entstehen lassen konnte. Wie bei einem kleinen Samen, der in die Erde geworfen wird und dann zu einer prächtigen Pflanze wird.

Also forderte ich ihn heraus: „Hey, Toni, lass uns mal ein kleines Experiment starten. Du nimmst alles, was du an Glauben hast, zusammen und wirfst es wie einen Samen in die Erde. Klingt komisch, ich weiß, aber lass uns mal schauen, was Gott daraus macht. Ob er da eine Pflanze aufgehen lässt oder nicht. Du triffst einfach nur eine Entscheidung und Gott tut den Rest. Wollen wir das Experiment machen?"

Verdutzt sah Toni mich an. Doch nach kurzem Überlegen sagte er Ja und wir beteten miteinander. Ich versuchte, mit meinen Worten für Toni zu sprechen. So erzählte ich Gott von all den Zweifeln, aber auch von seiner Sehnsucht, glauben zu können. Mein Wunsch war es, dass Toni sich in diesem Gebet wiederfand und es zu seinem eigenen machte.

Ich war mir durchaus im Klaren, dass ich Gott die Situation nicht zu erklären brauchte. Er wusste besser als jeder andere, was in Tonis Herzen vor sich ging. Aber es tat gut, alles vor ihn zu bringen und ihn um sein Handeln zu bitten.

Nach dem Gebet war ich selbst total gespannt darauf, ob Gott in den nächsten Tagen und Wochen wirklich etwas tun würde. Immerhin hatte ich schon öfter solche kleinen Glaubensabenteuer gestartet, auch für mich allein, und dabei natürlich auch einige Enttäuschungen erlebt. Enttäuschungen, weil Gott scheinbar *nichts* getan hatte.

Bitte versteh mich nicht falsch: Ich weiß, dass man Gott nicht per Knopfdruck steuern kann. Er ist kein Wunschautomat. Absolut nicht. Gott ist Gott, ich bin es nicht. Und das ist auch gut so. Aber ich glaube, wir sollten im Glauben nie aufhören, sein Eingreifen zu erwarten. Auch wenn wir schon Enttäuschungen erlebt haben. Das ist gar nicht leicht, sondern kann eine ganz schöne Spannung in uns erzeugen.

Natürlich prägen uns enttäuschte Erwartungen. Jedenfalls ist das bei mir so. Aber irgendwie möchte ich es schaffen, meinen kindlichen Glauben nicht zu verlieren. Jedenfalls so gut es geht. Denn: Gott ist fähig. Er liebt es, wenn wir zu ihm kommen wie Kinder, die ihrem Vater vertrauen.

Wenn ich damals als kleiner Bub zu meinem Papa gegangen bin, weil mich ein Problem umtrieb, wusste ich insgeheim, dass er eine Lösung parat hatte. Häufig sah diese Lösung komplett anders aus, als ich sie mir vorgestellt hatte, doch am Ende wurden die Dinge gut.

Ich glaube, nach diesem Vertrauen sehnt sich auch unser Vater im Himmel! Seine Kraft ist immer größer als die Mauer, die vor uns steht. Selbst wenn er sie anders überwindet, als wir vielleicht dachten. Das möchte ich glauben.

Nachdem Toni und ich uns an diesem Tag verabschiedet hatten, passierte direkt in der nächsten Woche wirklich etwas

GOTTES KRAFT IST IMMER GRÖSSER ALS DIE MAUER, DIE VOR UNS STEHT.

Sonderbares: Toni spürte und begegnete Gottes Liebe durch eine Deutsch-Leistungskursklausur. Richtig gehört! Durch eine Prüfung. Bis heute ist es mir schleierhaft, wie Gott das hinbekommen hat …

Toni erzählte mir, dass er während seiner Klausur über das Drama „Nathan der Weise" plötzlich so einen krassen Klickmoment erlebte, dass er die ganze Sache mit Jesus und seinem Evangelium völlig neu verstand. Verrückt, oder? Doch das Erstaunliche war dabei, dass er diesen Klickmoment erst bei der Rückgabe seiner Arbeit richtig begriff. Als er sie noch mal durchlas, konnte er selbst kaum glauben, was er da zu Papier gebracht hatte. *Das habe ich geschrieben?*, dachte er verwundert, während ihm Tränen in die Augen stiegen.

Ursprünglich sollte sich die Klausur um die verschiedenen Religionen von Juden, Christen und Muslimen drehen. Doch in Tonis Arbeit fand die christliche Position eine übergeordnete Rolle, ohne dass er das bewusst gesteuert hatte. Anhand seiner eigenen Deutscharbeit spürte Toni, dass sich etwas in ihm verändert hatte. Er hatte plötzlich verstanden, dass Gott jeden annimmt, wie er ist – auch ihn. Dass Gottes Liebe unbegreiflich groß ist. Ja, dass es IHN wirklich gibt, diesen einen Gott aus der Bibel, der über allem steht.

Unter Tonis Arbeit schrieb die Lehrerin den Kommentar: „Schmalzig, aber gut!" Darüber können wir heute noch lachen.

Ich würde sagen, Gott ist der Kreativste von allen. Der kleine Same, den wir gemeinsam in die Erde geworfen hatten, ging wirklich auf und auch Toni entschied sich, Jesus vollständig zu vertrauen. Bis heute wächst diese Glaubenspflanze. Sie ist verwurzelt in einer lebendigen Gemeinde, wo er von wunderbaren Christen umgeben ist.

Doch nicht nur Toni war überwältigt von Gottes Wirken. Auch ich konnte es kaum fassen. Erst Tim, dann er. Im Nachhinein kann ich nur staunen. Durch diese Erlebnisse entfachte Gott in meinem Herzen so eine Leidenschaft für sein Evangelium, dass ich anfing, davon zu träumen, es so vielen Menschen wie möglich weiterzugeben. Das Feuer, das Gott in meinem Herzen entfacht hatte, konnte ich unmöglich nur für mich behalten. Diese Begeisterung für den Glauben musste einfach raus.

Und so reifte in dieser Zeit zwischen Sommer 2012 und Sommer 2013 in meinem Kopf eine Idee heran: Wie wäre es, einen Blog mit Videos, Bildern und Texten zu starten, der Leuten hilft, im Glauben dranzubleiben? Einen Blog, der cool aussieht, fresh ist und den man gerne mit seinen Freunden teilt? Einen Blog, der wirklich ermutigt? Im Blog würde ich von dem erzählen, was mich im Glauben bewegt, motiviert und voranbringt. Ach ja, und dabei würde ich die Kamera anmachen.

In meiner Vorstellung kam mir das ganz einfach vor. Also spann ich die Idee in meinem Kopf weiter. Der Pionier in mir gab Vollgas, während sich meine Gedanken überschlugen: Wie bekomme ich so ein Projekt an den Start? Was brauche ich? Oder besser gesagt, *wen* brauche ich? Jemanden, der sich halbwegs mit Webseiten auskennt. Und am besten jemanden, der mit den gängigen Design-Programmen umgehen kann. All diese Fähigkeiten fehlten mir.

Ich merkte relativ schnell, dass es doch nicht einfach werden würde, die Idee wirklich durchzuziehen. Doch ich war überzeugt: Ich werde es machen! Nur: Wie sollte der Blog eigentlich heißen?

STAYCLEAN. Völlig gebannt schaue ich erneut auf das rote T-Shirt des Waschstraßenmitarbeiters. *STAY ... ON ... FIRE. Das ist es. Das ist der Name: STAYONFIRE!*

Ganz von meinen wirbelnden Gedanken eingenommen, senke ich den Blick auf meine Füße, die noch wie angewurzelt neben dem Service-Häuschen stehen. Die Blitzidee fängt an, in meinem Kopf Kreise zu ziehen: *Es wäre eben nicht nur der Name, es wäre gleichzeitig auch die Vision. Oder besser gesagt, der Name ist die Vision. Wie genial! Menschen für den Glauben und im Glauben ermutigen. Ihnen helfen dranzubleiben. STAYONFIRE. Danke, Jesus!,* juble ich innerlich.

Voller Euphorie setze ich meinen Weg fort und erreiche kurz darauf mein Ziel: das Fitnessstudio. Ich öffne die Tür zum Gebäudekomplex und sprinte das sterile Treppenhaus hinauf. Auf dem Weg kommen mir einige erschöpfte Leute entgegen. Die einen sind frisch geduscht, die anderen heftig verschwitzt. Motiviert grinse ich sie an.

Oben angekommen, ziehe ich mich schnell um und gehe anschließend auf eines der zahlreichen Laufbänder, um mich vor dem Gewichtstraining etwas warm zu machen. Während ich laufe, fahren meine Gedanken weiter Karussell.

EINE NEUE GRÖSSENORDNUNG

Im Grunde genommen war die Idee, einen Blog aufzubauen, für mich nicht ganz neu. Schon Weihnachten 2010 hatte ich neben der Schule einen eigenen Gaming-Kanal auf YouTube aufgemacht. Dort produzierte ich regelmäßig sogenannte „Let's Plays": Ich spielte Videospiele am Computer, nahm meinen Bildschirm mithilfe eines entsprechenden Programms auf und kommentierte das Ganze über ein Mikrofon. Und ja, das schauten sich tatsächlich Tausende von Menschen an. Echt verrückt!

Die Formel-1-Spielreihe von Codemasters wurde zu meinem Lieblingsspiel. Auf der Piste war ich zwar grottenschlecht, aber die langen Rennen boten unfassbar viel Zeit zum Kommentieren. Ich liebte es! Und da ich so schlecht war, gab es auf der Rennstrecke auch immer einige dramatische Szenen, die die Videos durchaus lustig und unterhaltsam machten.

Mit der Zeit entwickelte sich eine richtige Fangemeinde. Jeden Samstag ging ein neues Rennvideo auf YouTube online. Da meine Woche mit Schule und Gemeindeveranstaltungen ziemlich voll war, schaffte ich es oft erst am Freitagabend nach den Jugendtreffen, das halbstündige Rennen für den Samstag aufzunehmen. O Mann, das war echt heftig.

Ich erinnere mich an ein Rennen, in dem ich während der Aufnahme einen Sekundenschlaf vor meinem Bildschirm hatte. Richtig gehört. Mit Controller in der Hand. Beim Kommentieren. Einfach eingeschlafen. Und bäääämmm! Voll gegen die Absperrung! Ich glaube, wir hatten alle unseren Spaß – die Zuschauer und ich auch.

Zum Zeitpunkt der Ideenfindung von STAYONFIRE produzierte ich noch immer fleißig jeden Samstag meine Gaming-Videos. Doch im Lauf der Zeit verdrängte das neue Projekt immer mehr den alten Gaming-Kanal. Später setzte ich einen Punkt hinter dieses Kapitel und fokussierte mich vollkommen auf das, was vor mir lag.

Manchmal vermisse ich diese Zeit noch heute. Aber ich bin mir sicher, dass mein erster YouTube-Kanal eine wichtige Vorbereitung für das war, was dann kommen sollte.

Als ich 2010 auf YouTube anfing, war die Szene in Deutschland noch verhältnismäßig klein. Heute ist sie ein gigantisches Business mit Millionen von Zuschauern. Meine Erfahrungen, die ich in dieser Zeit sammeln durfte, haben mir gezeigt, welches unvorstellbare Potenzial in YouTube und all den anderen sozialen Netzwerken liegt. Ein Potenzial, das keine Generation vor uns jemals hatte. Nie zuvor war es möglich, mit einfachen Mitteln so viele Menschen zu erreichen.

Wie vor fast 600 Jahren der Buchdruck, so hat auch das Internet die Art und Weise unserer Kommunikation, ja unseres gesamten Denkens und Arbeitens verändert. Bevor der Buchdruck erfunden wurde, stellte man sich die Frage, wie viel man in einer Stunde *schreiben* konnte. Nach der Erfindung des Buchdrucks mit beweglichen Lettern fragte man sich, wie viel man in einer Stunde *drucken* konnte. Verstehst du, was ich meine? Die Größenordnungen veränderten sich komplett.

Und genauso verändert das Internet heute unser Leben. Uns eröffnen sich unvorstellbare Möglichkeiten. Möglichkeiten, die wir ergreifen sollten. Und ich glaube, dass wir erst am Anfang stehen.

Wenn ich die Jahre von 2010 bis zu diesem Moment im Sommer 2013 an der Waschstraße STAYCLEAN zusammenfassen müsste, dann wären es genau diese zwei Dinge, die in meinem Leben immer mehr Raum gewannen: das Feuer für den Glauben und die Leidenschaft für YouTube, Social Media & Co. Beides sollte der Motor werden für das, was noch kommen sollte.

AUF DER SUCHE NACH UNTERSTÜTZUNG

Nach dem Training im Fitnessstudio fuhr ich mit einer unglaublichen Freude im Herzen nach Hause. Ich war mir ziemlich sicher, den richtigen Namen für mein Projekt gefunden zu haben. Nun brauchte es nur noch jemanden, der mir helfen würde, das Projekt wirklich anzupacken.

Es ist eine Sache, Videos zu produzieren und sie auf YouTube hochzuladen, aber es ist noch mal eine ganz andere Sache, eine eigenständige Website mit nicem Design aufzusetzen. Neben den Videos sollten ja auch noch Blogbeiträge, Bildzitate und vieles mehr kommen; so hatte ich es mir jedenfalls vorgenommen. Mein Kopf war voller Ideen. Es bestand kein Zweifel. Für die Umsetzung brauchte ich dringend Hilfe!

In den nächsten Wochen fing ich an, meine Ideen auf Facebook zu teilen. Genauer gesagt, postete ich regelmäßig ein paar ermutigende Zeilen und setzte am Ende meines Beitrags den Hashtag *stayonfire*.

Im Zuge der Recherche für dieses Buch bin ich die ganzen alten Posts meiner Facebook-Pinnwand durchgegangen. Noch heute spüre ich in den Zeilen die Funken kompromissloser Begeisterung. Es fühlt sich an, als würden mich die Zeilen zum Anfang zurücktragen. Am 13. August 2013 schrieb ich beispielsweise auf meiner Pinnwand:

> Die Zeit in Gottes Gegenwart verändert dein Denken.
> Auf einmal erkennst du eine Tatsache ganz deutlich.
> Mit Jesus in deinem Leben bist du unaufhaltsam!
> Ein Schritt. Eine Entscheidung. Eine Vision.
> Ein Leben in Gottes Gegenwart. Täglich.
> #stayonfire

Oder der hier, vom 19. August 2019 – auch gut. Ich hatte zwei Bilder angehängt. Ein Bild von einem gigantischen Wasserfall und eins von einem kleinen Planschbecken.

> Die Bibel redet von Strömen des lebendigen Wassers in uns! Wieso können wir manchmal so wenig davon in unserem Leben erleben? Vielleicht deshalb, weil wir erst mal aus unserem stromfreien, begrenzenden Gartenpool aussteigen und Gott einen größeren Raum in unserem Leben freiräumen müssen. Da ist mehr! Viel mehr! #stayonfire

Genauso fing STAYONFIRE an. In mir brannte der unbändige Wunsch, Gott besser kennenzulernen und Menschen zum Glauben an ihn zu ermutigen. Nicht mehr und nicht weniger. Die Dinge waren weder kompliziert noch schleierhaft. Stattdessen stand die Vision glasklar vor meinem inneren Auge. Am 16. September 2013 versuchte ich, das auf den Punkt zu bringen:

> #stayonfire ist keine leere Aussage – es ist vielmehr eine große Vision!
> „Lasst in eurem Eifer nicht nach, sondern lasst das Feuer des Heiligen Geistes in euch immer stärker werden. Dient dem Herrn." (Römer 12,11)

Trotz aller Begeisterung blieb es für einige Zeit bei diesen Postings. Immer mal wieder versuchte ich, ein Bild zu designen oder eine kostenfreie Website zu erstellen. Doch der richtige Durchbruch schien mir nicht zu gelingen.

Wenn ich heute darüber nachdenke, würde ich sagen, dass mein größtes Problem der Perfektionismus war. Ich wollte keine halben Sachen starten. Es sollte gut aussehen. Richtig gut. Und nicht irgendwie zusammengeschustert. Also blieb STAY-ONFIRE vorerst nur eine geteilte Idee auf Facebook.

Erst Lukas, heute einer meiner besten Freunde, sollte daran etwas ändern. Er zog im Oktober 2013 von Leipzig nach Berlin, um Maschinenbau zu studieren. Da er einige Verwandte und Bekannte in meiner Heimatgemeinde hatte, kam er regelmäßig zu unseren Jugendveranstaltungen und Gottesdiensten. Nicht lange danach wurde Lukas ein leidenschaftlicher Mitarbeiter unserer Gemeinde.

Wir verstanden uns auf Anhieb richtig gut. Es gibt Menschen, mit denen ist man einfach direkt auf einer Wellenlänge. Lukas ist für mich so einer. Über die Zeit wurden wir richtig dicke Freunde. Was ich an Lukas so genial finde, sind seine Zielstrebigkeit, sein Ehrgeiz und vor allen Dingen sein geschultes Auge für Qualität. Er ist einfach brillant in dem, was er tut und ist.

Und das Beste kommt noch. Weißt du, welche Dinge Lukas draufhat? Genau, Designgeschichten und Informatikzeugs. Also mit anderen Worten: Lukas ist mit Programmen wie Photoshop, aber auch mit den gängigen Sprachen wie HTML und CSS für die Websitegestaltung gut vertraut. Für ihn ist es kein Problem, eine Website aufzubauen und coole Designs zu entwerfen. Und wenn er etwas nicht weiß, findet er schnell Wege, wie er sie sich selbst beibringen kann. In meinen Augen ist Lukas ein echtes Genie! Ich meine, man studiert auch nicht ohne Grund Maschinenbau. Haha, ich wäre in diesem Studiengang so hoffnungslos verloren ...

Im Nachhinein bin ich Gott total dankbar, dass er unsere Wege genau zu dieser Zeit zusammenführte. Zunächst arbeiteten wir in der Gemeinde gemeinsam im Medienteam. Wir produzierten kurze Videos für unsere und von unseren Events in der Jugendgruppe. Neben den Mediensachen in der Gemeinde verband uns die Leidenschaft im Glauben. Wir fingen an, gemeinsam ein Andachtsbuch zu lesen, tauschten Gebetsanliegen aus und erzählten von unseren persönlichen Herausforderungen. Die Freundschaft war unfassbar gut! Längst hatte ich ihm auch von meiner Idee erzählt, einen Blog zu starten.

Im Frühjahr 2014 wurden unsere Gespräche über STAYONFIRE konkreter. Bis zu dem Moment, an dem ich Lukas ganz direkt die Frage stellte, ob wir die Idee nicht gemeinsam verwirklichen wollten. Er war sofort begeistert und fasziniert von dem Gedanken, andere Menschen im Glauben zu ermutigen. Seine Zusage war nicht selbstverständlich, da er eine Menge mit seiner Uni zu tun hatte. Doch er gab sein Go – und das mit voller Überzeugung.

Plötzlich kam eine richtige Euphorie in meinem Herzen auf. *Endlich! Endlich kann es losgehen.* Was würde möglich sein, wenn wir gemeinsam mit Gott an einer so fetten Vision arbeiten würden? O Mann, mein Herz sprang wieder mal vor Freude!

Bevor wir irgendwelche praktischen Schritte unternahmen, entschieden wir uns, das Projekt in den nächsten Wochen gemeinsam mit Gebet zu beginnen. Wir wollten Gott einfach in den Mittelpunkt stellen. Jedes Mal, wenn wir gemeinsam für das Projekt gebetet hatten, fühlten wir uns in unserem Plan bestätigt. Selbst wenn Gott nicht konkret zu uns sprach, wie wir die Dinge machen sollten, spürten wir seine Führung in dem Ganzen. Er hatte uns die Vision aufs Herz gelegt. Es ging um ihn. Es war sein Projekt. Das gemeinsame Gebet half uns dabei, genau diesen Punkt zu verstehen. Er war mit im Boot und kannte den richtigen Kurs.

In mein Tagebuch schrieb ich am 22. Juni 2014 voller Begeisterung:

Gemeinsam mit Lukas möchte ich ein Projekt für Gottes Reich starten und junge Menschen ermuti-

> gen, aus einer Begegnung mit Gottes Liebe heraus alles für Jesus zu geben ... Ich möchte treu und gehorsam das ausleben, was Gott schon vorbereitet hat.
> STAYONFIRE steht in den Startlöchern und soll nur einen einzigen Fokus besitzen: seinen Namen zu heiligen, sein Reich voranzubringen und seinen Willen geschehen zu lassen – wie im Himmel, so auf Erden!
> Bewusst haben wir uns entschieden, mit Gebet zu starten. Ich fühle mich so am Anfang. Oft falle ich. Ja, ich bin schwach. Doch diese Geschichte, die Gott hier schreibt, soll ein Zeugnis für Gottes Gnade sein! Er ist Sieger. Meine Schwachheit ändert nichts an der Tatsache, dass er stark ist! Ich bin voller Hunger auf das, was kommen wird!

Hättest du mir damals gesagt, dass ich diese Zeilen mal in einem Buch über STAYONFIRE zitieren würde, hätte ich dich wahrscheinlich für übergeschnappt gehalten. Heute kann ich es immer noch nicht ganz fassen.

Nach einigen Wochen begannen wir dann endlich mit den konkreten Planungen. Die erste große und zeitintensive Baustelle war die Website. Unser Ziel war es, eine Seite mit minimalistischem Design zu entwerfen. Kein unnötiger Schnickschnack. Schlicht, elegant, ästhetisch – das waren unsere Maßstäbe.

Dazu wollten wir die geläufige Software Wordpress nutzen. Wordpress ist im Grunde genommen ein Content-Management-System, mit dem man den Aufbau und den Inhalt einer Website ziemlich einfach modifizieren kann. Wenn man es installiert hat, funktioniert das Ding wie ein Baukasten mit unzähligen Vorlagen. So wird einem krass viel Arbeit abgenommen. Dazu kann man die genutzten Vorlagen beliebig anpassen. Man braucht halt nur Ahnung in den entsprechenden Sprachen wie HTML, CSS & Co.

So machten wir uns mit Begeisterung an die Arbeit. Lukas und ich schrieben uns endlose Nachrichten, telefonierten und trafen uns. Am Ende waren wir richtig zufrieden mit dem Ergebnis. Die fertige Website bestand aus einem gekachelten Feed, auf dem zukünftig unsere Blogbeiträge und Videos Platz finden sollten. Jeder Beitrag bekam ein großes Titelbild, wodurch man im ersten Moment dachte, man sei in einer Galerie gelandet. Hinter jedem Bild steckte ein Beitrag. Uns war es wichtig, den Nutzer anfangs nicht durch große Textblöcke zu erschlagen. Vielmehr sollten die ansprechenden Bilder dem Auge eine echte Freude bereiten. Nicht ohne Grund sagt man, dass gute Bilder darüber entscheiden, wie eine Website wirkt.

Der zweite Schritt bestand darin, eine Facebook-Seite und einen YouTube-Kanal einzurichten. Instagram sollte erst noch kommen. Parallel dazu entwarfen wir das erste Corporate Design für STAYONFIRE, wobei das viel bombastischer klingt, als es war. Wir machten uns einfach ein paar Gedanken dazu, wie STAYONFIRE aussehen sollte: das Logo, die Website, die Posts. Das alles sollte ja irgendwie aus einem Guss sein und zusammenpassen. Inzwischen hat sich das Design stark weiterentwickelt, doch damals für den Anfang passte es.

Im Oktober 2014 sollte es dann so weit sein: Wir drehten unser erstes Video. Der Titel, den wir uns dafür überlegten, ist mir heute noch glasklar im Kopf: Gottes Herzschlag leben.

DAS ERSTE STAYONFIRE-VIDEO

Motiviert lege ich den karierten Notizblock zur Seite. Auf der aufgeschlagenen Seite ist eine skizzenartige Timeline zu sehen. Am Anfang steht eine spannende Frage, am Ende eine Antwort. Oben drüber steht der Titel des Videos. Ich fühle mich ähnlich wie diese Timeline nur unvollständig vorbereitet. *Irgendwie wird das schon,* denke ich trotzdem optimistisch.

Wichtig ist, dass wir das erste Video überhaupt mal in den Kasten bekommen.

Wir haben uns spontan dafür entschieden, die Aufnahme im kleinen Seminarraum unserer Gemeinde zu produzieren. Wenn man das „produzieren" nennen kann. Ich sitze auf einer schwarzen Couch, die Lukas und ich mit Mühe aus dem Eingangsbereich hier reingezerrt haben. Angestrahlt werde ich von einer Stehlampe, die auf einem kleinen Hocker links neben mir liegt. Direkt vor mir sitzt Lukas hinter der Kamera, die wir ebenfalls auf einem Hocker abgelegt haben, leicht erhöht durch ein Buch. Muss ja keiner wissen, dass wir das Stativ zu Hause vergessen haben. ;-)

Ich schaue noch mal kurz auf den beiseitegelegten Notizblock. Dann gebe ich Lukas ein Signal. Die Aufnahme beginnt. „Hey, wir von STAYONFIRE haben einen Traum: dich im Glauben zu ermutigen, dich zu befähigen und zu begeistern, einen Lifestyle zu leben, der einen Unterschied macht." Die Worte sprudeln nur so aus mir heraus. Es fühlt sich wie eine Befreiung an. Ein Durchbruch. Endlich ist es so weit. Ein Traum beginnt, wahr zu werden.

Nach einigen verpatzten Takes ist das Ding endlich im Kasten. Erleichtert schauen Lukas und ich uns an. Geschafft! Jetzt nur noch die sperrige Couch in den Eingangsbereich zurückräumen, die Stehlampe wieder in ihre eigentliche Position bringen und dann ab nach Hause! Zeit, das Teil hochzuladen.

Meine Erwartungen waren kaum zu übertreffen. Ich trug die naive Vorstellung in meinem Herzen, dass unser erstes Video komplett durch die Decke gehen würde. Abgesehen von der Frage, wo diese Decke überhaupt ist, schaffte es unser Video gerade mal über die Türschwelle. Die spektakuläre Vision einer großen Onlineplattform klang cool, doch offensichtlich hatten wir ein nettes Video für unsere Freunde auf Facebook produziert. Nett, aber unbedeutend. Die Reichweite hielt sich wortwörtlich in Grenzen. Natürlich schrieben uns einige Kumpels an, motivierten uns und fanden das Projekt richtig nice. Trotzdem waren meine Hoffnungen, wie sich unser Blog weiterentwickeln würde, ordentlich gedämpft.

Bis heute mache ich mir Gedanken darüber, woher meine hohen Erwartungen in diesem Moment überhaupt kamen. Weshalb war ich so ungeduldig? Worin lag der Ursprung meiner Enttäuschung?

DIE SEHNSUCHT
NACH DEM SPEKTAKULÄREN MOMENT

Genau an dieser Stelle gab es in meinem Denken einen Knackpunkt. Oder besser gesagt einen Wendepunkt, den ich mit dir teilen möchte. Ja, vielleicht war es naiv anzunehmen, dass STAYONFIRE einen Senkrechtstart hinlegen würde. Aber kann es sein, dass dieses momentorientierte Denken bezeichnend ist für unsere Generation? Wir sind ungeduldig. Wollen es heute, jetzt, am besten sofort. Warten ist keine Option. Wir lieben den Moment. Den Erfolg über die Nacht, den Durchbruch, der alles verändert. Die sofortige Lösung für das Problem. Das sichtbare Ergebnis. Den Haken auf unserer To-do-Liste. So funktioniert unser Denken.

Wie soll es auch anders sein, wenn uns Medien und soziale Netzwerke eben genau dieses Bild vom Leben vermitteln? Wir sehen die Erfolgreichen, vergleichen uns und glauben der Illusion, das Leben funktioniere wie eine Expresslieferung. Mit Sicherheit verkaufen sich solche Geschichten wesentlich besser. Und gerade weil sie sich verkaufen, haben sie die Kraft, uns zu prägen und unsere Vorstellung zu bestimmen.

So auch meine. Ich hatte zuvor einige christliche YouTuber aus Amerika beobachtet, die durch ein einziges Video ihren Durchbruch erlebt hatten. Beispielsweise Jefferson Bethke, der mit seinem Video *Why I hate Religion and love Jesus* auf einen Schlag Millionen von Menschen erreichte. Und rate mal, durch welches Video ich auf ihn aufmerksam geworden bin? Richtig, genau durch dieses eine.

All das prägte meine Erwartung für STAYONFIRE. Ich trug die Vorstellung in meinem Kopf, dass wir vielleicht etwas Ähnliches erleben würden. Wir mussten halt nur glauben und groß träumen!

Doch wenn man genau hinschaut, erkennt man, dass es neben *einer* Erfolgsgeschichte *Tausende* anderer Geschichten gibt, die weniger katapultartig verlaufen sind. Allerdings hören wir so selten von ihnen. Wir bekommen nur das mit, was Erfolg hat, und glauben, das sei der Standard. Gleichzeitig übersehen wir den Prozess, der hinter jedem anhaltenden Fortschritt steht.

Als ich mich auf dem YouTube-Kanal von Jefferson Bethke umschaute, entdeckte ich viele Videos, die scheinbar unbemerkt geblieben waren. Jedenfalls im Verhältnis zu den über 33 Millionen Menschen, die das eine virale Video gesehen hatten.

Was möchte ich mit all dem sagen? Wir leben in einer Zeit, in der das Außergewöhnliche im Fokus steht. Wir lieben den schnellen Erfolg versprechenden Moment. Den natürlichen und gewöhnlichen Prozess jedoch, den übersehen wir. So werden unsere Erwartungen enttäuscht, wir wollen aufgeben, meinen, etwas falsch gemacht zu haben.

Dabei ist es in der Regel völlig normal, einen Prozess zu durchlaufen, der harte Arbeit kostet, Höhen und Tiefen mit sich bringt und am Ende nur langsam vorangeht. Bewusst habe ich am Anfang dieses Buches viel über diese Momente in meinem Glauben geredet. Von Tim. Von Toni. Von der Waschstraße. All diese Momente waren großartig, doch sie sind nur das Sahnehäubchen auf etwas viel Größerem: dem Prozess.

Wenn ich in die Bibel schaue, dann entdecke ich einen Gott, der den Prozess liebt. Viele der Gleichnisse über das Reich Gottes malen ein Bild des kleinen Anfangs und des unaufhörlichen Wachstums. Wenn du dir allein das Gleichnis über die wachsende Saat anschaust, dann liest du von einem großartigen und doch ganz gewöhnlichen Prozess, den Gott ins Leben gerufen hat:

> „Mit dem Reich Gottes", so erklärte Jesus weiter, „ist es wie mit einem Bauern, der die Saat auf seinem Acker ausgestreut hat. Er legt sich schlafen, er steht wieder auf, ein Tag folgt dem anderen; und die Saat geht auf und wächst – wie, das weiß er selbst nicht. Ganz von selbst bringt die Erde Frucht hervor: zuerst die Halme, dann die Ähren und schließlich das ausgereifte Korn in den Ähren. Sobald die Frucht reif ist, lässt er das Getreide schneiden; die Zeit der Ernte ist da" (Markus 4,26-29).

Ist es nicht erstaunlich, wie Gott arbeitet? Gerade im Unscheinbaren ist er wirksam. Seine Sachen beginnen oftmals klein, doch sie wachsen unaufhörlich. „Ganz von selbst bringt die Erde Frucht hervor: zuerst die Halme, dann die Ähren und schließlich das ausgereifte Korn in den Ähren."

Ich glaube, dass wir dieses Prinzip vom Reich Gottes auch auf unser persönliches Leben übertragen können. Ob es die Projekte und Visionen sind, die wir für Gott realisieren wollen, oder ob es unser eigenes Glaubensleben ist: Die Dinge beginnen ganz klein wie eine Saat, die in die Erde geworfen wird, und wachsen prozesshaft zu etwas Großem.

Dabei gibt es sicherlich einige Momente, in denen die Pflanze einen Wachstumsschub erlebt, doch alles in allem ist der kontinuierliche Prozess weitaus wichtiger. Und wenn die Pflanze dann ihre erste Ernte bringt, bleibt es ein Wunder.

DAS GEISTLICHE HAMSTERRAD

Diese Botschaft erleichtert und ermutigt mich zugleich. Denn oft habe ich das Gefühl, dass wir dieses Prozess-Denken manchmal auch im Glauben verloren haben. So ging es mir zumindest. Gerade nach den spektakulären Wundern, die ich mit Tim und Toni erlebt hatte. Für mich waren diese Erlebnisse komplettes Neuland. Sie überstiegen vieles von dem, was ich bisher im Glauben erlebt hatte.

Mehr als jemals zuvor sehnte ich mich nun nach neuen außergewöhnlichen Momenten mit Gott. Nach Heilungen, Wundern und Gottes spürbarer Gegenwart. Ich fieberte diesen Dingen wortwörtlich entgegen.

Meine Erwartungshaltung an Gott wurde mit der Zeit ziemlich ungesund. Ich war frustriert, wenn Gott nicht mehr so eingriff, wie er es bei Tim und Toni getan hatte. Stück für Stück entwickelte ich in meinem Glauben eine richtig schiefe Momentperspektive.

Was meine ich damit? Ich lebte meinen Glauben von Höhepunkt zu Höhepunkt. Dabei übersah ich den Prozess dazwischen. Ich liebte es, auf christliche Events und Konferenzen zu gehen, weil ich dort das Gefühl hatte, Gott erneut auf spektakuläre Weise zu erleben. Doch meist war nach zwei Wochen Alltag alles genau so, wie es vor dem Event gewesen war. Wie oft startete ich ein neues Tagebuch in der Hoffnung, die Seiten mit außergewöhnlichen Erlebnissen und Wundern füllen zu können. Die Seiten blieben jedoch meist leer. Heute habe ich einen Stapel angefangener Tagebücher bei mir liegen …

Vielleicht fragst du dich gerade, was schlecht daran ist, sich nach spektakulären Momenten zu sehnen. Grundsätzlich glaube ich, dass diese Sehnsucht alles andere als schlecht ist. Mein Punkt ist vielmehr die Gewichtung. Es ist ein großer Unterschied, sich nach diesen Dingen zu sehnen – oder im Glauben ganz von ihnen abhängig zu sein.

Wenn du genau hinschaust, wirst du erkennen, dass viele unserer christlichen Events diese Momentperspektive unbewusst fördern. Es scheint mir, als hätten wir uns ein eigenes geistliches Hamsterrad gebaut. Lass mich dir ein Beispiel geben, das du sicher kennst, wenn du schon einige Zeit in der christlichen Szene unterwegs bist:

Stell dir vor, du bist gerade auf einer solchen Konferenz mit Tausenden von jungen Erwachsenen. Die Stimmung ist elektrisierend. Der Lobpreis wortwörtlich herrlich. Der Sprecher schon fast ein Idol. Schließlich schafft er es, mit seiner Person ein ganzes Hallenstadion zu füllen. Da sitzt du nun inmitten der Menschenmassen und lauschst der Predigt. Voller Sicherheit, Überzeugung und Autorität zieht der Prediger dich in seinen Bann.

Doch bei aller Faszination wird von Minute zu Minute ein Zweifel in dir größer: *Ist mein Glaube genug? All die spektakulären Geschichten, die der Prediger von seinem Glaubensleben erzählt, erlebe ich aktuell nicht. Mache ich etwas falsch? Reichen mein Glaube, mein Gebet, meine Nachfolge wirklich aus?* Du bist berührt und bewegt, doch ebenso enttäuscht und etwas irritiert von deinem persönlichen Glaubensleben.

Der Sprecher kommt zum Ende seiner Predigt. Dabei entdeckst du, wie der Keyboarder langsam auf die Bühne läuft und sich darauf vorbereitet, das Ende der Predigt mit sanfter Musik zu untermalen. Plötzlich fühlt es sich an, als wenn der Prediger ganz persönlich zu dir redet. Er kennt scheinbar all die gegenwärtigen Zweifel und Enttäuschungen in deinem Glaubensleben.

Schließlich schallt es ganz deutlich durch die Lautsprecherboxen zu dir: „Wenn du heute hier bist und dich dein Glaubensleben frustriert; wenn du dich nach mehr sehnst, doch Gott scheinbar nicht spürst; wenn du dir mehr Mut wünschst, doch deine Angst dich immer wieder einholt; wenn du mehr Glauben möchtest, doch deine Zweifel dich vom Gebet abhalten. Wenn du das bist, dann kann heute dein Moment sein, in dem sich alles verändert. Steh jetzt auf." Du stehst auf. Berührt. Getroffen. Den Tränen nah. Völlig überrascht schaust du dich um. Du bist nicht der Einzige, der sich angesprochen fühlt. Mit dir ist fast das gesamte Publikum aufgestanden.

Während nun fast alle im Saal stehen und sich der ein oder andere Sitzengebliebene fragt, ob er nicht auch ehrlicherweise aufstehen sollte, geht es von vorne weiter. Du hörst gebannt zu: „Gott möchte dich heute in deinem Geist neu aufwecken. Wir werden beten und Gott wird dir mehr Mut und weniger Angst, mehr Glauben und weniger Zweifel schenken. Jetzt ist der Moment, in dem Gott durchbrechen wird. Glaubt das jemand hier?" Die Menge jubelt. Die Veranstaltung nimmt an Fahrt auf. Der Prediger betet voller Leidenschaft für den sofortigen Durchbruch. Die Band leitet parallel ein neues Lied ein. Der Prediger kommt zum Schluss, geht von der Bühne. Das Gefühl in deinem Herzen – überwältigend! Der Übergang zum Lobpreis – nahezu perfekt. Du fühlst dich befreit, motiviert und dankbar. Völlig hingegeben und entschlossen: Ab heute wird alles anders!

Wie oft habe ich diese Momente selbst erlebt. Ich glaube, sie sind wichtig und richtig. Diese Momente, in denen wir uns gemeinsam neu auf Gott ausrichten, uns entscheiden, aus seiner Kraft zu leben und ihm zu vertrauen. Doch welchen Stellenwert geben wir diesen Momenten in unserem Glaubensleben? Aus welcher Perspektive erleben wir sie? Ergänzen oder ersetzen sie unseren alltäglichen Prozess im Glauben? Wie lange hält diese überwältigende Erfahrung in unserem Alltag wirklich an? Werden bei der nächsten Konferenz mit ähnlicher Ansprache nicht wieder dieselben Menschen aufstehen?

VOM MOMENT ZUM PROZESS

Kann es sein, dass diese *Momentperspektive* uns häufig mehr gefangen nimmt, als dass sie uns wirklich freisetzt? Wir werden abhängig von besonderen Momenten und übersehen dabei den genialen Prozess, den Gott schon in unserem Leben begonnen hat. Den kleinen Samen, den Gott über einen langen Zeitraum in unserem Leben heranwachsen lässt. Am Ende sind wir frustriert, verschämt und entmutigt. Und das nicht nur in unserem persönlichen Glauben, nein, auch in den Dingen, die wir für Gott tun.

Auch ich war enttäuscht. Enttäuscht darüber, dass sich meine hohen Erwartungen an das erste Video nicht erfüllt hatten. Heute weiß ich, dass der Grund für meine Enttäuschung weniger in der Reichweite des Videos lag, als vielmehr in meinem Denken darüber. Gott hatte mehr vor, als uns nur einen kurzfristigen Moment zu schenken; er war dabei, eine größere Geschichte zu schreiben. Eine Geschichte mit Höhen und Tiefen, einen Prozess mit Freuden und Tränen. Genau das war es, wovor wir damals standen und wovor wir heute immer noch stehen: vor einem Prozess. Gewöhnlich und stetig statt außergewöhnlich und einmalig.

Ja, ich möchte auf mein Leben schauen und gerade in den alltäglichen Prozessen meines Lebens Gottes Wirken sehen können. Ich möchte nicht auf den einen spektakulären Tag warten, sondern heute einen weiteren Tag auf meiner großartigen Reise mit ihm erleben. Ob bei STAYONFIRE oder in meinem persönlichen Glaubensleben. Tief im Herzen dürfen wir wissen, dass Gottes Saat in unserem Leben schon längst am Wachsen ist, wenn wir uns für ihn entschieden haben. Selbst wenn das Ziel noch nicht erreicht ist, sind wir dennoch auf dem Weg. Ja, wir sind auf dem Weg.

Vor einiger Zeit hörte ich eine Predigt, in der der Prediger eine spannende Frage stellte: *Day One* oder *One Day?* Für ei-

LIEBER GEWÖHNLICH
UND STETIG STATT
AUSSERGEWÖHNLICH
UND EINMALIG.

nen kurzen Moment stutzte ich, dann machte es klick. *Day One* oder *One Day?* Investiere ich ab heute jeden Tag ein bisschen Zeit in die Vision von STAYONFIRE oder warte ich auf den Moment, in dem der Traum über Nacht Realität wird? Lese ich heute 15 Minuten in der Bibel oder warte ich auf den Moment, in dem Gott mir wie aus dem Nichts einen geistlichen Hunger für sein Wort schenkt? Fange ich heute an, in meine Freundschaften und Beziehungen zu investieren, damit ich eines Tages tiefes Vertrauen ernten darf, oder erwarte ich, dass Gott meine Beziehungen irgendwann in einem Moment heilen wird? Fange ich heute an, meine Stärken zu entwickeln, oder warte ich auf den Moment, in dem Gott mich wie durch ein Wunder zu der Person macht, die ich sein könnte? Mache ich heute einen Spaziergang mit Gott und investiere in die Beziehung zu ihm oder warte ich auf den Tag, an dem Gott mein Gebetsleben komplett auf den Kopf stellt? Es gäbe noch unzählige weitere Beispiele …

Day One oder *One Day?* Was ist dein nächster konkreter Schritt? In einer Zeit, in der wir den spektakulären Moment großschreiben, ermutige ich dich dazu, einen Unterschied zu machen. Stelle in deinem Denken den gewöhnlichen Prozess vor den spektakulären Moment. Übrigens: Dieses Denken schließt keineswegs Gottes übernatürliche Momente aus – niemals. Es baut vielmehr eine Plattform für sein Wirken.

Ein paar Wochen nach unserem ersten Video im Oktober 2014 drehten wir unser zweites Video für STAYONFIRE. Dazwischen schrieb ich unseren ersten Blogbeitrag auf der neuen Website. Es ging weiter. Stück für Stück. Auf uns warteten spannende Zeiten. Die nächste klopfte schon an die Tür.

KEYPOINTS

1. Wir lieben den Moment. Den Erfolg über die Nacht, den Durchbruch, der alles verändert.

2. Wir sehen die Erfolgreichen, vergleichen uns und glauben der Illusion, das Leben funktioniere wie eine Expresslieferung.

3. Wenn wir jedoch in die Bibel schauen, entdecken wir einen Gott, der den Prozess liebt. Seine Dinge beginnen klein, doch sie wachsen unaufhörlich.

4. Warte nicht auf den einen spektakulären Tag, sondern erlebe heute einen weiteren Tag auf deiner großartigen Reise mit Gott.

KAPITEL 2

DIE RICHTUNG IST WICHTIGER ALS DIE GESCHWINDIGKEIT

EINE ERKENNTNIS VON DER PISTE

Kurve für Kurve geht es den steilen Berg abwärts. Mit jedem zurückgelegten Meter gewinne ich an Geschwindigkeit. Meine Bremsen werden schon bedrohlich heiß. Ich versuche, die vordere Bremse ein wenig abzukühlen, indem ich für einige Momente nur die hintere benutze. Dann andersherum. Mit einem schnellen Blick schaue ich hinunter auf meine erschöpften Beine, die nun endlich Pause machen können.

Rund 100 Kilometer liegen hinter mir. Ich strecke meine verschwitzte Hand aus, um nach der Trinkflasche zu greifen. Routiniert befreie ich sie aus der Halterung und ziehe den Gummi der Öffnung mit meinem Mund nach hinten. Dann setze ich die Flasche an meine Lippen und nehme durstig ein paar Schlucke. Erfrischung pur!

Die Sonne knallt unerbittlich auf den bereits erhitzten Asphalt. Schnell stecke ich die Trinkflasche wieder in die Halterung. Die nächste Haarnadelkurve kommt heran. Meine Hände umfassen den Lenker etwas fester. Jetzt beugt sich mein Körper in die Kurve. Ich steuere mein Rennrad vom äußeren zum inneren Rand der Fahrbahn. Zeitgleich fährt ein Motorradfahrer die Gegenspur hinauf. Zum Glück sieht er mich rechtzeitig und bleibt auf seiner Straßenseite.

Als ich die spitze Kurve verlasse, eröffnet sich vor mir ein unfassbares Panorama. Ein Gefühl von Freiheit macht sich in meinem Herzen breit. Vor einigen Minuten war ich noch den steilen Aufstieg zum Kandel hochgekurbelt, einem wunderschönen Berg im Hochschwarzwald. Jetzt bin ich auf dem Weg ins Tal. Was für eine geniale Tour. Was für ein Lebensgefühl! Ich bin einfach nur glücklich.

Der letzte Schluck meines isotonischen Getränks wirkt wie ein kleiner Energiekick. Meine Hände greifen zum unteren Teil des Rennradlenkers, sodass sich mein Körper windschnittig nach unten beugt. Ich versuche, mich möglichst klein zu machen. Alles rauscht an mir vorbei. In diesem Moment gibt es nur mich, das Rennrad und die Straße.

Ich liebe Abfahrten. Ganz besonders in dieser Gegend, die sich durch verträumte Wälder, beeindruckende Täler und idyllische Städtchen auszeichnet.

Meine Leidenschaft fürs Rennradfahren wurde durch unsere jahrelangen Familienurlaube im Schwarzwald entfacht. Jeden Sommer fuhren wir zusammen mit meiner Tante und meinem Onkel sowie deren zwei Kindern in die Umgebung von Freiburg. Mein Onkel Falk war absolut rennradbegeistert. Er nutzte jedes Jahr die wunderschöne Landschaft, um atemraubende Touren zu machen.

Lange Zeit ließ mich der Gedanke an Rennradfahren ziemlich kalt. Doch irgendwann fing es auch bei mir ein bisschen an zu kribbeln. Zumindest wollte ich dem Ganzen eine Chance geben. Also lieh ich mir in einem Urlaub ein Rennrad und begleitete meinen Onkel auf einigen Touren. Es war definitiv ein neues Erlebnis, nicht vergleichbar mit meinen bisherigen Ausflügen auf klapprigen Supermarktfahrrädern. Das hier hatte eine andere Qualität. Alles ging so leicht, so schnell, fast schon wie im Flug.

Nach nur zwei Touren im Schwarzwald wusste ich, dass ich ein neues Hobby gefunden hatte. Im Frühjahr 2012 kaufte ich mir dann mein erstes eigenes Rennrad. Für alle Radfreunde: Es war ein fantastisches Roadlite AL von der deutschen Marke Canyon. Mit diesem Teil wurde der Hochschwarzwald für mich einmal mehr zu einem zweiten Zuhause.

Nach der Kandel-Abfahrt wartet auf mich einer der steilsten Aufstiege, die ich bis zu diesem Zeitpunkt in meiner „Radkarriere" gefahren bin. „Den Rinken hoch", so hat es mir mein Onkel, der heute leider nicht dabei sein kann, am Frühstückstisch noch beschrieben. „Bis zu 17 Prozent Steigung. Du hast das Gefühl, du kommst nie oben an."

„Großartige Aussichten", denke ich, während meine Beine noch vom letzten Aufstieg brennen. Unten im Tal muss ich mich kurz orientieren. Dann fahre ich durch einige Städtchen quer über die flache Ebene, bis ich zum Zastlertal komme. „Hier muss ich hoch", meine ich mich zu erinnern. Zur Sicherheit schaue ich auf die Karte. Ja, ich bin richtig. „Also, los geht's! Ich schaffe das", sporne ich mich selbst an.

Die Wahrheit ist allerdings, dass ich komplett fertig bin. Schon der Anstieg zum Kandel hat mich alles gekostet. Heute ist einfach nicht mein Tag. Und jetzt noch der Spaß. O Mann! Aus Reflex greife ich zu meiner Trinkflasche, erinnere mich jedoch, dass sie leer ist. Dann taste ich mit meiner Hand die Rückentaschen meines Trikots ab. Die Energieriegel sind auch alle weg.

Meine Zweifel werden größer. *Wie soll ich da nur hochkommen?* Ich habe Durst, Hunger und meine Beine sind unglücklich – nein, viel mehr noch: Sie sind richtig sauer! Doch mir bleibt nichts anderes übrig, als weiterzufahren. Bis zum heftigen Anstieg geht es noch einige Kilometer mit moderater Steigung durch das tief eingeschnittene Zastlertal. Danach muss ich schauen, ob ich es mit letzten Kräften zum Rinken hochschaffe.

Plötzlich entdecke ich auf der linken Straßenseite ganz zufällig einen Quellbrunnen. Halleluja! Ich halte an und fülle dankbar meine Flaschen auf. Dann sitze ich wieder auf und strample weiter. Es ist unfassbar still. Ich sehe kaum einen Menschen. Am Straßenrand stehen nur vereinzelt Häuser, von denen einige ziemlich verlassen aussehen. Ich fühle mich fast etwas einsam. Das Einzige, was ich höre, ist das Geräusch meiner dünnen Reifen, die langsam über den heißen Asphalt rollen.

Nach einiger Zeit sehe ich in der Ferne, dass es ernst wird. Es kommt der Moment, den jeder Bergfahrer kennt. Du fährst mit Schwung um die letzte Kurve. Dann erstreckt sich vor dir der Berg wie eine Wand, die es zu bezwingen gilt. Sofort merkst du den größeren Widerstand in deinen Beinen. Du wirst langsamer. Wenn du es noch nicht gemacht hast, schaltest du jetzt einen Gang runter. Die Kette springt durch den hohen Druck mit einem Knall auf das nächste Ritzel. Für einen kurzen Moment nimmst du den Druck aus den Pedalen, bis die Kette ihren Lauf gefunden hat.

Dann versuchst du, dich zu stabilisieren. Der Aufstieg beginnt. Du kämpfst dich bis zur nächsten Kurve. Wenn du sie verlässt, türmt sich eine neue Wand vor dir auf. So geht es immer weiter. Manchmal kannst du die Kurve einsehen, ein anderes Mal geht es länger geradeaus, doch fast immer führt der Weg bergauf.

Die Straße, die den Rinken hinaufführt, erstreckt sich vom Fuß des Berges über rund 11 Kilometer mit einem Höhenunterschied von über 800 Metern. Wenn du die Route nicht kennst, kannst du echt verzweifeln. Die Straße zur Passhöhe führt durch die dichten Wälder des Schwarzwaldes hinauf. Es gibt Momente auf der Strecke, in denen du tatsächlich nur noch den Anstieg vor dir siehst. Es scheint nie aufzuhören.

Völlig erschöpft kämpfe ich mich Kurve für Kurve hinauf.

Meine Beine brennen. Mein Magen knurrt. Ich keuche wie jemand, dem die Luft abgedreht wurde. Plötzlich wird der Anstieg noch heftiger. *Das müssen die 17 Prozent sein, von denen Onkel Falk gesprochen hat. Scheiße!,* erinnere ich mich.

Meine Geschwindigkeit minimiert sich auf Schritttempo. Instinktiv fange ich an, kleine Schlangenlinien zu fahren. „Komm schon!", rufe ich mir durch den verlassenen Wald selbst zu. Doch mein Körper scheint nach 130 Kilometern mit über 1500 Höhenmetern nur noch bedingt auf irgendwelche Motivationsfloskeln zu reagieren. Dennoch trete ich weiter. Extrem langsam, aber ich bleibe in Bewegung. Einfach immer weiter.

Neuer Mut kommt auf. Gleich habe ich das heftigste Stück geschafft. Plötzlich schießt mir ein Gedanke durch den Kopf: *Die Richtung ist wichtiger als die Geschwindigkeit. Wenn du nicht aufhörst zu treten, wirst du oben ankommen. Hör nicht auf. Die Geschwindigkeit ist zweitrangig.*

Obwohl mein Hirn im Energiesparmodus ist, dreht sich dieser Gedanke weiter in meinem Kopf. *Was für eine starke Aussage,* finde ich. *Meine Richtung ist bestimmt, ich muss nur treten. Egal wie langsam ich bin, ich werde oben ankommen.* Mit diesem motivierenden Gedanken fahre ich um die nächste Kurve. Der Anstieg wird etwas erträglicher, Gott sei Dank.

Noch in Gedanken greife ich zu meiner Trinkflasche, öffne den Mund und spritze mir das frische Wasser in meine ausgetrocknete Kehle. Für den Moment hat sich meine Spur stabilisiert, die Schlangenlinien gehören der Vergangenheit an.

Doch es bleibt ein lang gezogener Albtraum: Auf dem restlichen Weg nach oben kommen immer wieder krasse Rampen. Dann beginnt der glatte Asphalt auch noch in Schotter überzugehen. Onkel Falk hatte mich vorgewarnt, dass die geteerte Straße nicht bis oben ginge. Ich beiße mich weiter durch.

Auf dem letzten Stück beginnt ein Forstweg. Wenn man den erreicht, ist man so gut wie oben. Erleichtert hebe ich meinen schwachen Körper aus dem Sattel und strample den letzten knappen Kilometer hinauf.

Die letzte Kurve, dann endlich bin ich am Ziel. Ich habe es geschafft!

Ich bin überwältigt, stolz und gleichzeitig mit meinen Kräften am Ende. Wie in Zeitlupe steige ich vom Rennrad, stelle es an einer massiven Holzbank ab und setze mich. Mein Hintern und der untere Rücken schmerzen. Mit leerem und ausdruckslosem Blick schaue ich in die Gegend. Da kommt er wieder, der Satz: <u>Die Richtung ist wichtiger als die Geschwindigkeit.</u>

STAYONFIRE NIMMT FAHRT AUF

Das Rennradfahren ist für mich mittlerweile mehr als nur ein Hobby. Sehr oft führt es mich zu mir selbst. Auf den langen Touren habe ich unglaublich viel Zeit zum Nachdenken, bin inspiriert von Gottes Schöpfung und komme innerlich zur Ruhe. Eigentlich paradox. Außen schnell, aber innen langsam. Eine Beschleunigung zur Entschleunigung.

Sehr oft kommen mir Vergleiche, Bilder oder Sätze in den Kopf, die ich auf mein Leben übertragen kann. „Die Richtung ist wichtiger als die Geschwindigkeit" war einer der Sätze, die mich bis heute begleiten. In den kleinen und großen Dingen, überall findet dieses Prinzip für mich eine Anwendung.

Gerade auch in der Entwicklung von STAYONFIRE. Ich möchte dir in diesem Kapitel von einer Herausforderung erzählen, die mich bis heute begleitet. Immer wieder führt sie mich zurück zu dieser wichtigen Erkenntnis von der Piste: Die Richtung ist wichtiger als die Geschwindigkeit. Während STAYONFIRE mit der Zeit immer schneller wuchs, schien ich die ursprüngliche Richtung aus den Augen zu verlieren. Vielmehr noch fing ich an, die Geschwindigkeit auf Kosten der Richtung voranzutreiben.

Doch nun eins nach dem anderen. Wie nahmen die Dinge ihren Lauf?

**DIE RICHTUNG
IST WICHTIGER ALS
DIE GESCHWINDIGKEIT.**

Lukas und ich starteten im Oktober 2014 die Onlineplattform STAYONFIRE. Nur wenige Monate zuvor hatte ich mein Abi gemeistert. Ich entschied mich, ein Jahr Pause zu machen, bevor im August 2015 mein Studium der Theologie beginnen sollte. Die Zeit zwischen Abitur und Studium wollte ich eigentlich nutzen, um ein bisschen Geld zu verdienen; aber am Ende fokussierte ich mich doch auf meine Gemeinde und STAYONFIRE. In der Gemeinde bekam ich sogar eine kleine Ehrenamtspauschale für meinen Dienst, der Putzen genauso beinhaltete wie Predigen. Es war definitiv eine großartige Erfahrung. Ich hatte eine Menge zu tun.

Gleichzeitig nahm ich mir natürlich viel Zeit, um zusammen mit Lukas an STAYONFIRE weiterzuarbeiten. Nach unseren ersten Videos, Blogbeiträgen und vereinzelten Bildzitaten überlegte ich mir, was wir noch an den Start bringen könnten, um in den sozialen Netzwerken präsenter zu sein.

Inspiriert durch viele andere christliche Facebook-Seiten wollte ich unser eigenes *STAYONFIRE-Tagesbild* etablieren und montags bis freitags ein Bild mit einem Bibelvers posten. Meine Absicht war es, mit all unseren Inhalten Menschen in ihrem Alltag ganz konkret zu ermutigen. Ja, ich wünschte mir, „Ermutigungsmomente" zu kreieren, die unsere Follower in ihrem persönlichen Glaubensleben stärkten. Die Tagesbilder würden ein weiterer Schritt dahin sein.

Also entwickelten Lukas und ich auf die Schnelle ein passendes Layout für die Tagesbilder, drehten einen kleinen Ankündigungstrailer und starteten das Projekt. Am Morgen des 21. Januar 2015 ging unser erstes Tagesbild online. Das Tolle daran war: Die Bilder waren in ihrer Erstellung nicht ansatzweise so aufwendig wie ein Video. So konnten wir tatsächlich an jedem Wochentag eins posten und auf Facebook präsent sein.

Diese Regelmäßigkeit motivierte viele Leute, STAYONFIRE zu abonnieren. Die User liebten es, jeden Morgen eine kleine Ermutigung im Glauben zu bekommen. Freunde erzählten anderen Freunden von dem Projekt oder luden Leute ein, die Seite zu liken. Die Community wuchs nun kontinuierlich an.

Irgendwann passierte es, dass jemand unsere Facebook-Seite mit „Gefällt mir" markierte, zu dem ich keinerlei Bezug hatte. Auch wenn sich das heute komisch anhören mag: Damals war das eine unglaubliche Motivation für uns. STAYONFIRE ging über unsere Grenzen hinaus und verbreitete sich. Stück für Stück. Es fühlte sich berauschend gut an, immer mehr Menschen erreichen zu können.

Doch gleichzeitig machte diese Geschwindigkeit etwas mit meinem Herzen. Es verging fast kein Tag, an dem ich nicht nachschaute, wie viele neue Abonnenten dazugekommen waren. Oft war es sogar das Erste, was ich am Morgen nach dem Aufwachen tat. Wenn sich viele neue Leute entschieden hatten, unsere Seite mit „Gefällt mir" zu markieren, war ich richtig euphorisch. Wenn es dagegen nur wenige waren, stellte ich mir die Frage, wie wir unser Wachstum noch weiter beschleunigen konnten.

Irgendwie spürte ich innerlich einen richtigen Druck, noch schneller zu wachsen. Stellenweise war ich sogar richtig unzufrieden. Wir ermutigten zwar mittlerweile regelmäßig einige Menschen im Glauben, aber da musste noch mehr gehen! Wenn ich also mal länger nicht dazu kam, ein neues Video aufzunehmen, fühlte ich mich wirklich schlecht. *Das ist alles noch zu wenig! Wir brauchen mehr Videos, um zu wachsen und präsent zu sein,* schallte es durch meine Gedanken.

Die Medaille hatte sozusagen zwei Seiten. Auf der einen Seite war es ein schönes Gefühl zu erleben, wie STAYONFIRE schneller wuchs. Auf der anderen Seite nahm der Druck zu, die Geschwindigkeit auch zu halten. Diese gegensätzlichen Gefühle bestimmten auch die weitere Entwicklung von STAYONFIRE.

Der nächste große Schritt, den Lukas und ich unternehmen wollten, bestand in einer professionellen Beleuchtung unserer Videos. Die liegende Stehlampe in unserem Gemeindeseminarraum war einfach nichts! Wir brauchten ordentliches Studiolicht. Deshalb entschieden Lukas und ich uns dazu, die Videos nicht länger in unseren Räumlichkeiten am Rand von Berlin, sondern in einer befreundeten Gemeinde direkt in der Stadt zu drehen. Dort gab es zwei einfache Studioleuchten, mit denen wir unseren Videos eine neue Qualität verpassen konnten. Dazu mussten wir allerdings jedes Mal nach Tempelhof fahren; das war auch nicht so nice.

Irgendwie musste noch mal eine neue Lösung her.

Schnell war klar: Wir brauchten eigene Studioleuchten, mit denen wir ortsunabhängig qualitativ hochwertige Videos aufnehmen konnten. Doch weder Lukas noch ich hatten Geld im Überschuss, um uns ein solches Set zu leisten.

Also beschlossen wir, unser erstes Fundraising-Projekt an den Start zu bringen. O Mann, das war ein Abenteuer – das kann ich dir sagen! Wir wollten es richtig groß und professionell aufziehen. Also trafen wir uns in Lukas' Wohnung und tüftelten einen detaillierten Plan aus. Wir brauchten auf unserer Website definitiv eine Unterseite für das Projekt. Darauf musste dann eine fette Übersicht, auf der man die offene Summe sowie die bereits eingegangenen Spenden in einem schicken Diagramm sehen konnte. Dazu ein motivierender Text, am besten noch ein Video und ein geiler Projektname.

Als der Plan stand, verteilten wir die Aufgaben und dann ging's ran an die Arbeit. Wie immer übernahm Lukas Design, Programmierung der Website und Co. Ich dagegen kümmerte mich um die Inhalte, die Texte und auch das Video.

Niemals werde ich dieses erste Fundraising-Projekt von STAYONFIRE vergessen, dem wir den Namen „Es werde Licht" gaben. Wir brauchten insgesamt ungefähr 450 Euro, was für uns eine gigantische Hürde darstellte. Es war mittlerweile Juni 2015 und um die 750 Leute folgten uns auf Facebook. Das Problem war bloß, dass die meisten von ihnen selbst Schüler oder Studenten waren – und dass zwischen einem schnellen

Like und einer Spende ein beträchtlicher Weg liegt. Trotz alldem launchten wir die Projektseite stayonfire.de/eswerdelicht, veröffentlichen das Video und warteten gespannt auf die Reaktionen. Als Postingtext zum Video schrieb ich auf Facebook:

> WIR STARTEN UNSER ERSTES SPENDENPROJEKT! Gemeinsam sparen wir für eigene Studioleuchten, um in Zukunft auch ortsunabhängig hochwertige Videos zu produzieren. Möchtest du #STAYONFIRE unterstützen? Dann hast du jetzt die Möglichkeit. Damit du den Herzschlag hinter diesem Spendenprojekt verstehst, haben wir für dich ein Video gedreht. Wir möchten jetzt schon Danke sagen!
> (Facebook-Pinnwand, 15. Juni 2015)

Wir rechneten damit, dass wir einige Wochen brauchen würden, bis wir das Geld zusammenhatten. Doch schon nach wenigen Tagen stellten wir völlig geflasht fest, dass die kompletten 450 Euro bei uns eingegangen waren. Das war ein Gefühl – unbeschreiblich! Wir konnten es kaum fassen, dass Menschen von STAYONFIRE so begeistert waren, dass sie bereit waren, unsere Arbeit finanziell zu unterstützen.

Glücklich bestellten Lukas und ich also unsere neuen Studioleuchten. Gleichzeitig lachten wir über den gigantischen Heckmeck, den wir mit diesem Projekt betrieben hatten. Meeting, Website, Video usw. Dabei war die Sache schon nach wenigen Tagen erledigt gewesen!

Für unsere Videos bedeutete sie allerdings einen großen Sprung in Sachen Qualität!

WELCHE RICHTUNG
VERFOLGE ICH WIRKLICH?

Knapp neun Monate setzten wir die Vision von STAYONFIRE nun schon ganz konkret um. Unser Wachstum nahm weiter Fahrt auf. Die neue Beleuchtung der Videos gab der Plattform noch mal einen professionelleren Touch. Dadurch wirkte unser Content glaubwürdiger. Wir bekamen immer mehr positive Rückmeldungen von Menschen, die in ganz Deutschland durch STAYONFIRE ermutigt wurden. Auf Events wie dem Young & Free Konzert, das im Juni 2015 in Dresden stattfand, kamen Leute auf mich zu und fragten: „Sag mal, bist du nicht der Typ von STAYONFIRE? Ihr seid echt mega!"

Mich beflügelte die Geschwindigkeit, mit der wir unterwegs waren. Es fühlte sich an wie eine meiner nervenkitzelnden Abfahrten auf dem Rennrad. Das rasante Tempo gab mir einen richtigen Kick. Ich wollte mehr davon.

Doch bei aller Geschwindigkeit gewann eine Frage in mir immer mehr an Aufmerksamkeit: *Welche Richtung verfolge ich wirklich? Welche Rolle spielt Gott eigentlich in dem Ganzen?* Ohne Zweifel versuchten wir, Menschen zu inspirieren, leidenschaftlich für Gott zu leben. Und es funktionierte ja auch. Leute schauten unsere Videos, lasen unsere Blogbeiträge oder sahen unsere Bilder und fühlten sich ermutigt, Gott mehr Raum in ihrem Leben zu geben. Doch wie viel Raum hatte Gott eigentlich in *meinem* Leben, in *meiner* Arbeit für STAYONFIRE? War ich *wirklich mit Gott* unterwegs oder war ich einfach nur *schnell für ihn* unterwegs?

Offenbar gibt es da einen großen Unterschied zwischen „etwas *für Gott* tun" und „es tatsächlich *mit ihm* tun". Doch manchmal ist es gar nicht so einfach, das nicht nur mit dem Verstand, sondern auch mit dem Herzen zu begreifen. Stück für Stück verlor ich das eigentliche Ziel aus den Augen.

Mir brauchte niemand zu erklären, dass es Gott natürlich viel mehr um die Beziehung zu mir ging, als um die Arbeit, die ich für ihn tat. Ich wusste, dass darin meine eigentliche Richtung bestehen sollte. Und dennoch veränderten sich meine Prioritäten. Manchmal fühlte sich die Zeit, die ich *mit Gott* verbrachte, sogar an wie eine Unterbrechung dessen, was ich *für* ihn tun wollte. Paradox, oder? Es kam mir einfacher vor, meine To-do-Liste an „geistlichen" Dingen abzuhaken, als tatsächlich die lebendige Beziehung zu Jesus weiter zu vertiefen.

Dabei ging es doch gerade bei STAYONFIRE um die Beziehung zu Gott! Genau das war unsere Richtung! Wie wollte ich andere Menschen in diesem Bereich ermutigen, wenn ich selbst dabei war, die eigentliche Richtung aus den Augen zu verlieren? Diese Frage zerriss mich innerlich. Baute ich tatsächlich etwas für ihn, das in zunehmender Unabhängigkeit von ihm entstand? Wenn dem wirklich so war, wer würde am Ende die Ehre für all das bekommen?

In meinen Tagebucheinträgen und auch in meinen Nachrichten an Lukas betonte ich immer wieder, alles für Gottes Ehre zu tun. Die Frage war nur, wie glaubwürdig diese Floskeln waren, wenn ich gefühlt alles *ohne ihn* machte. Wenn die Aufgaben wichtiger waren als die Beziehung zu ihm. Welchen Berg versuchte ich da hochzukurbeln? Wo würde ich am Ende ankommen?

Diese Fragen wurden mit der Zeit immer größer und existenzieller für mich. Sie führten zu dem Punkt, an dem ich entschied, ganz neu über meine Richtung nachzudenken. Ich brauchte eine neue Ausrichtung. Für die jetzige Phase, aber auch für alle, die noch kommen sollten. Schließlich standen wir doch erst am Anfang von STAYONFIRE.

EINE NEUE AUSRICHTUNG

Diese neue Ausrichtung entstand nicht über Nacht. Sie entwickelte sich vielmehr in einem dynamischen Prozess, der bis heute anhält. Manchmal fühle ich mich im Glauben wie damals auf dem Rennrad, als ich den Rinken hochkurbelte. Nicht weil es so anstrengend wäre, mein Leben mit Gott zu leben, sondern deshalb, weil es manchmal nur langsam vorangeht. Ich bin immer noch herausgefordert, die Dinge nicht aus eigener Kraft und ohne Gott zu tun. Aber ich würde sagen, dass ich entschlossener bin als jemals zuvor, für die richtige Richtung in meinem Leben zu kämpfen.

Und genau dafür hat es mir geholfen, meine persönliche Ausrichtung konkret zu formulieren. Sie definiert sich in drei Grundsätzen, die aufeinander aufbauen und mich navigieren. Sie helfen mir, das richtige Ziel im Auge zu behalten. Sie führen mich auf den Berg, auf dem ich auch wirklich ankommen möchte. Auf dem ich mich, wenn ich oben angekommen bin, innerlich erfüllt und zufrieden auf die Bank setzen kann und weiß: Ich bin dem richtigen Ziel gefolgt, selbst wenn es manchmal nur langsam voranging. Denn die Richtung war wichtiger als die Geschwindigkeit.

Ich bete dafür, dass diese Grundsätze auch dir helfen, deine Ausrichtung zu finden.

Beziehung vor Aufgabe

Ich habe dir im ersten Teil des Kapitels davon erzählt, wie berauschend gut sich die Geschwindigkeit des Wachstums von STAYONFIRE anfühlte. Dadurch verschob sich meine Aufmerksamkeit von der Beziehung zu Gott hin zu den Aufgaben, die ich für ihn erledigen wollte. Am Ende stand die Aufgabe vor der Beziehung zu ihm.

Doch genau diese Reihenfolge wollte ich umkehren. Das

Wachstum und die damit einhergehenden Aufgaben bei STAYONFIRE hatten ihre Berechtigung. Doch sie hatten nicht das Recht, wichtiger zu werden als meine Beziehung zu Gott. Deshalb formulierte ich in meinem ersten Grundsatz deutlich und klar: Beziehung vor Aufgabe. Genau das sollte meine Richtung sein!

Ich möchte mein Leben lang die Beziehung zu ihm an erste Stelle setzen. Alles Weitere, mein Dienst, meine Projekte und meine Aufgaben, sollten aus dieser Beziehung heraus entspringen. Was bedeutet das? Es bedeutet, meine Prioritäten neu zu sortieren. Es bedeutet, das Wesentliche vor das Dringliche zu stellen. Damit meine ich ganz konkret, sich in einem stressigen Alltag dennoch Zeit zu nehmen, um Gott zu begegnen, mit ihm zu reden und auf seine Stimme zu hören. Das mag bei mir anders aussehen als bei dir – doch der Grundsatz bleibt im Kern derselbe. Man stellt die Beziehung zu Gott höher als all das, was man meint, dringend für ihn erledigen zu müssen. Es ist eine Frage der Reihenfolge.

Jesus hat seinen Jüngern hierzu mal etwas Passendes gesagt:

> „Ich bin der wahre Weinstock und mein Vater der Weinbauer. Bleibt in mir, und ich werde in euch bleiben. Eine Rebe kann nicht aus sich selbst heraus Frucht hervorbringen; sie muss am Weinstock bleiben. Genauso wenig könnt ihr Frucht hervorbringen, wenn ihr nicht in mir bleibt" (Johannes 15,1.4).

Gott ist es so viel wichtiger, eine Beziehung zu uns zu haben, als mit anzusehen, wie viel wir für ihn leisten können. Damit begeistern wir vielleicht Menschen, doch Gott sehnt sich nach etwas ganz anderem. Er sehnt sich nach einer tiefen Verbindung zu uns. Und das führt uns schon zum zweiten Grundsatz, der auf dem ersten aufbaut.

Abhängigkeit vor Unabhängigkeit

Nachdem ich damals bei STAYONFIRE spürte, dass mir die Aufgaben wichtiger wurden als die Beziehung zu Gott, stellte ich mir eine ehrliche und wichtige Frage. Erinnerst du dich vielleicht? Ich fragte mich, *welche Rolle Gott eigentlich in dem Ganzen spielt.* Es fühlte sich an, als würde ich mich mehr und mehr unabhängig von ihm machen.

Heute bin ich der Meinung, dass dieses Gefühl eine logische Konsequenz daraus war, dass ich eben die Aufgabe vor die Beziehung stellte. Denn was passiert, wenn ich die Beziehung vernachlässige und nur auf das schaue, was *ich* leiste? Richtig, ich mache mich mehr und mehr unabhängig von Gott. Das Projekt, das ich für ihn aufbaue, wird zu meinem eigenen Ding. Der eingeschobene Nebensatz mag biblisch klingen, doch ist er nicht vielleicht aufgrund des restlichen Satzes völlig hinfällig? Was ist, wenn es Gott gar nicht darum geht, dass wir allein das Ding für ihn bauen? Was ist, wenn es ihm vielmehr darum geht, in Abhängigkeit zu ihm zu stehen?

Lass mich an dieser Stelle noch mal wiederholen, was Jesus seinen Jüngern sagte: „Eine Rebe kann nicht aus sich selbst heraus Frucht hervorbringen; sie muss am Weinstock bleiben. Genauso wenig könnt ihr Frucht hervorbringen, wenn ihr nicht in mir bleibt." Was Jesus hier sagen möchte, ist Folgendes: *Erst in der Abhängigkeit von ihm entsteht eine Frucht, die vor ihm wirklich Bestand hat.*

Doch was ist nun mit dieser Abhängigkeit gemeint? Bedeutet es, dass ich den ganzen Tag in meinem Kämmerlein hocke, bete und die Angst mich plagt, bloß nichts in Unabhängigkeit von ihm zu tun? Nein, das glaube ich nicht! Auch in diesem Punkt geht es vielmehr um eine gesunde Reihenfolge. Wenn ich in die Bibel schaue, sehe ich viele Persönlichkeiten, die eine Menge Verantwortung von Gott übertragen bekommen haben und selbstständig Entscheidungen trafen. Doch diese Entscheidungen hatten ihren Ursprung in einem tiefen Vertrauen auf Gott. Mit anderen Worten: einer tiefen Abhängigkeit von ihm.

Deshalb habe ich meinen zweiten Grundsatz „Abhängigkeit vor Unabhängigkeit" genannt. Wenn du genau hinschaust, wirst du jetzt noch deutlicher erkennen, dass es sich eigentlich nur um eine Fortsetzung des ersten Grundsatzes handelt. Wenn die Beziehung zu ihm an erster Stelle steht, werde ich zunehmend in Abhängigkeit von ihm leben. Praktisch bedeutet dieses Statement für mich, dass ich <u>Gott darum bitte, mich in Situationen zu führen, in denen ich lernen kann, ihm zu vertrauen</u>. In denen ich spüren kann, wie es ist, von ihm abhängig zu sein. In denen ich <u>erkennen muss, dass ich es allein nicht schaffe</u>.

In einem bekannten Lied mit dem Titel „Ocean" von *Hillsong United* heißt es in der Übersetzung so passend:

> Führ mich dorthin, wo ich unbegrenzt vertraue.
> Lass mich auf dem Wasser laufen.
> Wo immer du mich hinführst,
> führ mich tiefer, als ich selber jemals geh'n kann.

Dieses Gebet wird uns ganz sicher an sehr spannende Orte führen. Doch sind es nicht genau die Orte, für die uns Gott geschaffen hat? Jene Orte, an denen wir unbegrenzt vertrauen müssen? Ist es nicht genau die Richtung, die wir in unserem Leben einschlagen sollten?

Ich möchte am Ende meines Lebens nicht frustriert feststellen, dass ich Gott auf meinem (scheinbar) sicheren und erfolgreichen Weg vergessen habe. Vielmehr möchte ich sagen können, dass ich ihm auf seinem Weg treu gefolgt bin. Und das führt uns zu meinem dritten und letzten Grundsatz.

Treue vor Erfolg

Als ich spürte, wie wenig Raum Gott in der Arbeit von STAYONFIRE einnahm, hinterfragte ich mehr und mehr, worum es mir bei dieser Plattform wirklich ging. Wer sollte am Ende tatsächlich die Ehre bekommen? Ging es mir darum, Gott großzumachen, oder wollte ich mir selbst durch STAYONFIRE einen Namen schaffen? Wenn du dich erinnerst, brachten mich diese Zweifel im Endeffekt zu diesen Grundsätzen. Der dritte von ihnen ist für mich die Krönung. Er baut auf den ersten zwei Punkten auf.

Ich möchte meine Treue gegenüber Gott vor meinen persönlichen Erfolg stellen. Billy Graham hat einmal gesagt: „Wir sind nicht dazu berufen, erfolgreich zu sein; wir sind dazu berufen, treu zu sein."

Wenn man sich das Leben von Billy Graham anschaut, dann war er mehr als erfolgreich. Doch es war eben nicht sein Ziel. Sein Ziel war es, treu zu sein.

Vielleicht fragst du dich, worin diese Treue besteht. Für mich ist Treue das Resultat aus den zwei ersten Grundsätzen. Wenn ich mich entscheide, die Beziehung zu Gott an die erste Stelle zu setzen, und mich im Vertrauen von ihm abhängig mache, dann bin ich auf dem Weg zu wahrer Treue. Ich stelle meine Dinge hintan, löse mich von meiner Unabhängigkeit und lege meinen Erfolg in seine Hände. Ja, ich versuche, seiner Richtung zu folgen.

Nachdem Jesus seinen Jüngern das Bild vom Weinstock und den Reben erklärt hatte, sagte er zum Abschluss: „Dadurch, dass ihr reiche Frucht tragt und euch als meine Jünger erweist, wird die Herrlichkeit meines Vaters offenbart" (Johannes 15,8). Ich ehre Gott also nicht in erster Linie dadurch, dass ich erfolgreich bin. Ich ehre ihn zuerst dadurch, dass ich mich als sein treuer Jünger erweise.

Dabei glaube ich, dass die Treue etwas ist, wozu ich mich aktiv entscheiden kann. Und genau das wollte ich tun. Persönlich in meinem Glauben wie auch in meiner Arbeit für STAYONFIRE. Am Ende des Tages sollte es nicht darum gehen, ob STAYONFIRE Erfolg hat. Am Ende des Tages sollte es darum gehen, ob ich selbst an Gott dranbleibe. Ob ich noch immer in

einer authentischen Beziehung zu ihm lebe und ihm vertraue. Denn das ist es, wonach sich Gott sehnt. Es geht ihm viel mehr um unsere Treue als um unseren Erfolg. Davon bin ich überzeugt. Deshalb habe ich den dritten Grundsatz meiner neuen Ausrichtung „Treue vor Erfolg" genannt.

AUF DEM WEG DER GNADE

Am Anfang des Kapitels habe ich dir versprochen, von einer Herausforderung zu erzählen, die mich bis heute begleitet. Und das tut sie. Es ist ein echter Prozess. Noch immer kämpfe ich oft darum, meine eigentliche Richtung nicht aus dem Blick zu verlieren. Menschen, die mich kennen, würden sicher sagen, dass ich fast immer beschäftigt bin. Dass ich versuche, eine Menge zu leisten und dabei vielleicht sogar manches zu einem guten Ende führe.

Und dennoch hat mir mein persönlicher Prozess gezeigt, dass all die Geschwindigkeit nichts nützt, wenn die Richtung eine falsche ist. Das durfte ich lernen.

Was mich in alldem so tief bewegte, war Gottes Gnade. Er kannte mein Herz und wusste, in welche Richtung ich mich bewegte. Doch statt mich zu verurteilen, weckte er mein Herz ganz neu auf. Er schenkte mir Impulse, gute Gedanken und die Motivation, etwas zu verändern. Heute glaube ich sogar, dass selbst die Erkenntnis von der Piste von ihm höchstpersönlich kam. Er wollte mir etwas sagen: „Thaddäus, die Richtung ist wichtiger als die Geschwindigkeit. Selbst dann, wenn du mal langsam unterwegs bist und scheinbar nicht vorankommst. Solange die Richtung stimmt, trete einfach weiter. Ich werde dich ans Ziel bringen. Vertrau mir!"

Bis heute trägt mich diese Botschaft. Und ich bin mir sicher, jeder von uns hat seine eigene Baustelle. Nicht alle sind auf dieselbe Weise herausgefordert wie ich. Doch selbst wenn es bei jedem von uns anders aussieht, im Kern finden wir wohl alle einen Nenner: *Die Richtung ist wichtiger als die Geschwindigkeit.*

Für mich war es an der Zeit, einen neuen Fokus auf meine persönliche Beziehung zu Jesus zu setzen. Während wir also im Januar 2015 unsere ersten Tagesbilder veröffentlichten und im Sommer das Fundraising-Projekt erfolgreich abschlossen, verstärkte sich meine Sehnsucht, mein Feuer im Glauben wieder richtig anzuschüren. Doch wie sollte das gehen neben all den Aufgaben?

KEYPOINTS

1. Die Richtung ist entscheidend, denn sie zeigt uns, ob wir am Ziel ankommen werden. Die Geschwindigkeit ist dagegen zweitrangig. Wir können Vollgas geben und dennoch alles verfehlen.

2. Es gibt einen großen Unterschied zwischen „etwas *für Gott* tun" und „es tatsächlich *mit ihm* tun". Denn Gott ist unsere Beziehung zu ihm weitaus wichtiger als unser Dienst.

3. Gott liebt es, wenn wir Gebete sprechen, die uns abhängig von ihm machen.

4. Wir ehren Gott nicht in erster Linie dadurch, dass wir erfolgreich sind. Wir ehren ihn zuerst dadurch, dass wir uns als seine treuen Jünger erweisen.

KAPITEL 3

DAS FEUER IM ALLTAG

AUF DEM WEG NACH EMMAUS

Jerusalem, ca. 37 n. Chr. Enttäuscht und niedergeschlagen machten sich die Freunde auf den Weg zurück nach Emmaus. Alles ergab plötzlich keinen Sinn mehr. Ihre Hoffnung war ihnen vollständig genommen worden. Es fühlte sich an, als hätte man ihnen den Boden unter den Füßen weggerissen.

Kleopas und sein Freund waren verzweifelt und total niedergeschlagen. Bis nach Hause waren es ungefähr 11 Kilometer. Doch heute fühlte es sich an wie doppelt so viel. Die Last lag schwer auf ihren Schultern. Es schien, als hätten sie jedes noch so kleine Fünkchen Lebensfreude verloren. Die Person, der sie uneingeschränkt Glauben geschenkt hatten, war ihnen auf brutale Weise genommen worden. Ihnen blieb nichts anders übrig, als loszulassen. Ihren sagenhaften Traum aufzugeben. Es wartete nur der triste Alltag auf sie.

Doch plötzlich passierte etwas Erstaunliches. Während sie noch miteinander redeten und ihren Frust teilten, stieß überraschend ein Unbekannter zu ihnen. Unaufgefordert beteiligte sich der Fremde am Gespräch der beiden Freunde. Ahnungslos fragte er sie, worüber sie auf ihrem Weg nach Emmaus sprachen. Wahrscheinlich hatte der Fragende bereits die Enttäuschung in ihren Augen gesehen.

Ist das sein Ernst? Hat er wirklich keine Ahnung?, dachte Kleopas genervt und zugleich überrascht. Er blieb abrupt stehen und schaute dem Fremden, der sich zu ihm gewandt hatte, direkt in die Augen. „Bist du der Einzige, der sich zur Zeit in Jerusalem aufhält und nichts von dem weiß, was dort in diesen Tagen geschehen ist?", warf ihm Kleopas misstrauisch vor. „Was ist denn geschehen?", fragte der Fremde. Ungläubig sahen sich die beiden Freunde an. Der Typ hatte echt keine Ahnung.

„Es geht um Jesus von Nazaret, der sich durch sein Wirken und sein Wort vor Gott und vor dem ganzen Volk als mächtiger Prophet erwiesen hat", erwiderte Kleopas eindringlich, um seiner Enttäuschung noch mal Ausdruck zu verleihen. „Ihn haben unsere führenden Priester und die anderen führenden Männer zum Tod verurteilen und kreuzigen lassen. Und wir hatten gehofft, er sei es, der Israel erlösen werde! Heute ist außerdem schon der dritte Tag, seitdem das alles geschehen ist."

Kleopas holte tief Luft, dann fuhr er fort: „Doch nicht genug damit: Einige Frauen aus unserem Kreis haben uns auch noch in Aufregung versetzt. Sie waren heute früh am Grab und fanden seinen Leichnam nicht. Als sie zurückkamen, erzählten sie, Engel seien ihnen erschienen und hätten ihnen gesagt, dass er lebt. Daraufhin gingen einige von uns zum Grab und fanden alles so, wie es die Frauen berichtet hatten. Aber ihn selbst sahen sie nicht."

Kleopas' Begleiter nickte zustimmend. Die beiden konnten immer noch nicht ganz glauben, dass der Fremde von alledem nichts erfahren hatte. Ganz Jerusalem war doch in Aufruhr wegen dieser Ereignisse.

Dann wurde es still. Die Freunde warteten gespannt darauf, was der Typ nach diesem spektakulären Bericht sagen würde. Hatte es bei ihm nun doch klick gemacht? Oder lebte er wirklich so hinterm Mond? Weiterhin Schweigen. Die Freunde sahen ihn eindringlich an.

Dann brach es plötzlich aus dem Fremden heraus. „Ihr unverständigen Leute!", holte er aus. „Wie schwer fällt es euch, all das zu glauben, was die Propheten gesagt haben! Musste denn der Messias nicht das alles erleiden, um zu seiner Herrlichkeit zu gelangen?"

Perplex schauten sich die zwei Reisenden an, während ihre Kinnladen im Sinkflug nach unten gingen. *Warum hat er plötzlich solche Einsicht in das, was wir berichtet haben?* Auf der einen Seite fühlten sie sich überrumpelt, auf der anderen Seite waren sie neugierig. *Hat er uns seine Ahnungslosigkeit nur vorgespielt? Wenn ja, weshalb? Weiß er mehr als wir?* Die Freunde warfen sich einen skeptischen Blick zu. Beide waren sich einig: *Hier müssen wir nachhaken.*

Doch schon übernahm der Fremde die Führung des Gespräches. „Wollt ihr mehr wissen?", fragte er. „Ja, bitte – erzähl uns mehr von dem, was du weißt!", gab Kleopas zurück. Und so kam es, dass der Fremde ihnen über den gesamten Rest der Wegstrecke nach Emmaus wichtige Dinge über den Messias erzählte.

Sein Wissen begeisterte die beiden Freunde. Gebannt sogen sie jedes seiner Worte auf. Es kam ihnen beinahe so vor, als erklärte er ihnen die gesamte Heilige Schrift – jedenfalls die Passagen, die sich von Mose bis zu den Propheten auf den Messias bezogen. Kleopas und sein Freund ahnten immer mehr, worauf dieser Fremde hinauswollte. All das, was in den letzten Tagen passiert war – Jesu Verurteilung, Kreuzigung und Tod –, hatte geschehen müssen, damit sich die Vorhersagen aus der Heiligen Schrift erfüllten. *Wenn das wirklich wahr ist,* dachte Kleopas, *dann ist der Tod von Jesus nicht das Ende, er ist vielmehr der Anfang einer neuen Zeit!*

Sie erreichten Emmaus schneller als erwartet. Die zwei Freunde waren sich mittlerweile einig: Dieser Unbekannte war definitiv kein Spinner. Dafür besaß er zu viel Wissen über die Alten Schriften. Doch wer war er dann? Die Spannung dieser unausgesprochenen Frage lag spürbar in der Luft. Am Haus der Freunde angekommen, gab ihnen der Fremde zu verstehen, dass er eigentlich weiterreisen wolle. Die Freunde jedoch versuchten ihn aufzuhalten. „Bleib doch bei uns!", forderten sie ihn auf. „Es ist schon fast Abend, der Tag geht zu Ende."

Tatsächlich ließ sich der Fremde umstimmen. Doch noch ehe sie begannen, gemeinsam zu essen, passierte etwas Erstaunliches: Der Unbekannte nahm das Brot, sprach ein Dankgebet, zerriss das Brot in Stücke und reichte es Kleopas und seinem Freund. In diesem Moment machte es klick bei den beiden. Diese Art und Weise, das Brot miteinander zu teilen, kannten sie. Zumindest hatten sie Berichte von den Leuten gehört, die direkt an Jesus' Seite gewesen waren. *Das kann kein Zufall sein!*, schoss es ihnen sofort durch den Kopf. Die Erzählungen stimmen eins zu eins mit dem überein, was gerade vor ihren Augen passierte.

Kleopas griff nach dem Brot, das ihm der Fremde reichte. Ihre Blicke trafen sich. Und dann passierte es. Kleopas erkannte Jesus! Es war Jesus! Es war kein Unbekannter, kein Fremder, kein Ahnungsloser, der jetzt das Brot mit ihnen teilte. Es war der auferstandene Jesus! Er selbst war mit ihnen gegangen, hatte ihnen die Schrift ausgelegt.

Kleopas sah seinen Freund an. In seinem Gesicht konnte er erkennen, dass ihm derselbe Klickmoment widerfahren war. Es war Jesus! Ohne Zweifel! Voller Strahlen schauten sich die zwei Freunde an. Dann richteten sie ihren Blick wieder zurück zu ihm, dem Messias. Doch der war plötzlich verschwunden. Verblüfft schauten die Freunde zur Eingangstür. Geschlossen.

„Wie kann das denn sein? Er ist weg!", rief Kleopas lautstark. „War das alles nur eine Einbildung?" „Nein, er ist nicht weg", gab sein Freund voller Euphorie zurück. „Er ist auferstanden, er ist wirklich auferstanden. Ich weiß es!"

Kleopas stutzte. Konnte das wirklich wahr sein? Dann platzte es auch aus ihm heraus: „Wahnsinn! Du hast recht! Er ist auferstanden. Es musste alles genau so passieren. Das hier ist keine Tragödie, es ist der größte Sieg, den man sich vorstellen kann!" Die beiden kamen aus dem Strahlen nicht mehr heraus. „War uns nicht zumute, als würde ein Feuer in unserem Herzen brennen, während er unterwegs mit uns sprach und uns das Verständnis für die Schrift öffnete?", fragte der andere. Kleopas nickte voller Zustimmung. „Wir müssen unbedingt zurück nach Jerusalem und den anderen Jüngern davon erzählen." Sofort machten sie sich auf und liefen mitten in der Nacht aufgekratzt die 11 Kilometer in die Heilige Stadt zurück. In ihren Herzen brannte noch immer das Feuer.*

GOTTES SEHNSUCHT, UNS ZU BEGEGNEN

Am Ende des letzten Kapitels habe ich dir davon erzählt, dass ich mich neu auf den Weg machen wollte, meine persönliche Beziehung zu Jesus zu vertiefen. Meine Sehnsucht bestand darin, das anfängliche Feuer für den Glauben wieder neu anzuschüren. Genau in diesem Prozess begleitete mich die Erzählung von den zwei Emmaus-Jüngern. Sie wurde für mich zu einem wahren Schatz. Heute gehört sie zu meinen persönlichen Lieblingsgeschichten aus dem Neuen Testament.

Ich weiß noch, wie mich ein Vers ganz konkret ansprach. Als hätte ihn Gott persönlich für mich geschrieben. Ich zückte meinen Marker und setzte an. Wort für Wort erstrahlte in Neonfarbe: *„War uns nicht zumute, als würde ein Feuer in unserem Herzen brennen, während er unterwegs mit uns sprach und uns das Verständnis für die Schrift öffnete?"*

Es war genau dieses Feuer, nach dem ich mich so sehr sehnte. Ich wollte Gott in meinem Alltag neu erleben und von ihm begeistert sein. Dabei ging es mir weniger um die spektaku-

---

* Die Geschichte ist mit eigenen Worten nach Lukas 24,13-33 wiedergegeben. Die Dialoge sind stellenweise wörtlich der Bibelübersetzung Neue Genfer Übersetzung entnommen.

lären Momente. Vielmehr war es mein Wunsch, Gott auch in den gewöhnlichen Dingen im Alltag zu entdecken. So las ich mit all meiner Sehnsucht die bewegende Geschichte der Emmaus-Jünger einige weitere Male durch.

Mit der Zeit entdeckte ich ein interessantes Detail: Jesus begegnete diesen zwei entmutigten Jüngern auf Augenhöhe. Was meine ich damit? Im späteren Verlauf des Gespräches wird deutlich, dass Kleopas und sein Freund eigentlich ziemlich ahnungslos waren. Sie hatten überhaupt keinen Plan davon, was Jesus' Verurteilung und Kreuzigung tatsächlich bedeuteten. Stattdessen waren die beiden der festen Überzeugung, dass durch Jesus' Tod Gottes Plan kläglich gescheitert war. Schließlich diskutierten die zwei auf ihrem Weg nach Emmaus genau über diesen Punkt. Doch was passierte dann?

Jesus begegnete ihnen selbst als Ahnungsloser. Dabei wusste er doch selbst am allerbesten, was passiert war. Warum gab er sich mit Absicht als völlig ahnungslos aus? Er ging ja sogar so weit, die Jünger Jesus über ihn selbst informieren zu lassen. Einfach crazy! Warum in alles in der Welt tat Jesus das?

Auf diese Frage gibt es sicherlich unterschiedliche Antworten. Doch für mich wurde die vorgetäuschte Ahnungslosigkeit von Jesus mehr und mehr zu einem krassen Indiz für Gottes Sehnsucht nach uns. Er sehnt sich danach, uns auf Augenhöhe zu begegnen. Genau da, wo wir stehen. In unserer Ahnungslosigkeit. In unseren Zweifeln. In unserer Herausforderung.

Und dafür ist nicht nur diese Begegnung ein Beweis. Das gesamte Evangelium dreht sich um Gottes Sehnsucht, uns zu begegnen. Er kam auf diese Welt, wurde einer von uns und lebte als Mensch. Ja, er begegnet uns! Ist das nicht atemberaubend?

Stück für Stück verstand ich, dass meine Sehnsucht nach ihm ihren Ursprung in seiner Sehnsucht nach mir hatte. Mein Herzenswunsch, Gott im Alltag neu zu begegnen, kam also letztlich von ihm selbst! Gott hatte seine eigene Sehnsucht in mein Herz gelegt. Das Verlangen, ihm wieder mehr Raum in meinem Alltag zu schenken, war ein Anklopfen seinerseits. Er weckte mein Herz neu auf und wollte mir begegnen. Auf Augenhöhe.

Dieser Gedanke faszinierte mich. Es würde nicht meine eigene Anstrengung sein, die mich zu ihm zurückbrachte. Es würde vielmehr seine Sehnsucht sein, die mein Herz lichterloh in Brand setzte. Er liebte mich bedingungslos.

Mit dieser neuen Erkenntnis las ich die spannende Erzählung der Emmaus-Jünger erneut. Nachdem die Jünger Jesus über Jesus informiert hatten, veränderten sich die Rollen drastisch. Plötzlich übernahm Jesus selbst die Gesprächsführung. Dabei posaunte er nicht lauthals heraus: „Ich bin Jesus. Ich bin der, den ihr sucht!" Nein, ganz im Gegenteil! Er ging mit ihnen behutsam die gesamte Schrift durch und versuchte, den Jüngern zu erklären, was mit dem Messias in Jerusalem wirklich hatte passieren müssen.

Doch warum tat Jesus das? Theoretisch hätte er die ganze Sache doch deutlich abkürzen können. Die Jünger hatten ihm doch eine Steilvorlage gegeben, als sie vom Bericht der Frauen erzählt hatten, dass das Grab leer gewesen war. Jesus hätte an dieser Stelle nur droppen müssen: „Jo, das stimmt. Ich bin's, euer Jesus. Ich bin auferstanden." Dazu noch ein paar Insider aus den letzten drei Jahren, und die Jünger hätten es ihm sehr wahrscheinlich geglaubt. Warum hielt sich Jesus also weiter bedeckt und machte mit ihnen eine Privat-Bibel-Session?

Ich glaube, dass die Antwort auch hier unterschiedlich ausfallen kann. Doch für mich macht diese Begebenheit ganz deutlich, wie sehr Jesus es liebt, uns sein Wort, seine Geschichte und seinen Plan zu erklären. Er liebte es, mit den Emmaus-Jüngern Zeit zu verbringen, und er liebt es heute noch immer, mit uns unterwegs zu sein. Er möchte unser Herz und unseren Verstand herausfordern. Uns berühren und echte Klickmomente schenken. Genau das erlebten die zwei Freunde auf ihrem Weg nach Emmaus. Aus Traurigkeit wurde Hoffnung. Aus Ahnungslosigkeit wurde Erkenntnis. Aus Zweifel wurde Glauben.

**ES IST GOTTES
EIGENE SEHNSUCHT,
DIE DEIN HERZ
LICHTERLOH IN
BRAND SETZT.**

Am Ende des Tages erkannten die beiden Freunde Jesus und waren einfach nur geflasht: von seiner Macht, seiner Liebe, seinem Plan, seinem Wesen – einfach von allem! Und dann sagen sie zueinander diesen einen Satz, den ich dick in Neonfarbe markierte: „War uns nicht zumute, als würde ein Feuer in unserem Herzen brennen, während er unterwegs mit uns sprach und uns das Verständnis für die Schrift öffnete?"

Jesus begegnete den Jüngern auf Augenhöhe, verbrachte Zeit mit ihnen und entfachte das Feuer in ihren Herzen. Vielleicht verstehst du nach dieser kleinen Zusammenfassung noch mehr, warum diese Geschichte für mich so besonders wurde.

Als ich sie studierte, klopfte Gott auch an mein Herz: „Ich möchte dir begegnen und dein Feuer neu entfachen. Ich sehne mich nach dir! Willst du mit mir deinen Weg nach Emmaus gehen?" Diese Worte schallten durch mein Innerstes. Ich spürte, wie Gott mich einlud, Zeit mit ihm zu verbringen. Und ich wusste felsenfest, dass meine Leidenschaft für ihn dadurch neu geweckt würde. Wie bei den Emmaus-Jüngern.

Also wollte ich mich auf den Weg machen und ihm mehr Raum geben, mir wirklich zu begegnen. Dabei war es mein Wunsch, diesen Raum regelmäßig in meinem Alltag zu finden. Ich stellte mir die Frage, was passieren würde, wenn ich meinen Weg nach Emmaus täglich ging. Die Vorstellung sprengte meinen Horizont. Ich spürte schon jetzt das Feuer einer tiefen Sehnsucht in mir lodern. Gottes Einladung konnte ich unmöglich ablehnen. Stattdessen trieb sie mich zu einer Entscheidung, die ich verbindlich treffen wollte.

DIE ENTSCHEIDUNG,
EINE NEUE GEWOHNHEIT ZU ETABLIEREN

Nachdem mich also die Geschichte dieser zwei reisenden Jünger so stark angesprochen hatte, wollte ich die Entscheidung treffen, eine neue Gewohnheit in meinem Leben zu etablieren. Ich habe dir davon erzählt, wie die Gewissheit in meinem Herzen zunahm, dass mir die persönliche Zeit mit Jesus helfen würde, meine Leidenschaft im Glauben wieder neu zu beleben. Also wollte ich genau diese Zeit zu einer festen Gewohnheit in meinem Alltag werden lassen.

Vielleicht ist das Wort Gewohnheit etwas negativ behaftet. Schließlich wird es häufig mit Worten wie „trockene Routine" oder „festgefahrenes Muster" assoziiert. Aber ich glaube daran, dass Gewohnheiten ein unfassbares Potenzial in sich tragen und uns positiv formen. Vor einiger Zeit habe ich hierzu mal einen guten Satz gehört: „Zuerst formst du die Gewohnheit, dann formt die Gewohnheit dich."

Was ist damit gemeint? Wir alle wissen, wie schwer es ist, Gewohnheiten zu ändern. Sie funktionieren eben tatsächlich wie festgefahrene Muster. Doch wenn sie einmal etabliert sind, haben sie die Kraft, uns zu formen.

Lass mich dir vielleicht noch ein kurzes Beispiel aus deinem Alltag geben, bevor wir uns der eigentlichen Gewohnheit widmen. Irgendwann in deinem Leben hast du die Gewohnheit etabliert (oder vielleicht hat das auch deine Mama übernommen ;-), deine Zähne täglich zu putzen. Heute ist sie mit großer Wahrscheinlichkeit ein fester Bestandteil deines Alltags. Du musst dich nicht jeden Tag neu dafür entscheiden. Es gehört einfach dazu. Die Gewohnheit formt dich. Sie ist der Grund, warum deine Zähne heute gepflegt sind. Wie würden deine Zähne dagegen aussehen, wenn du diese Gewohnheit nicht aufgebaut hättest? Okay, darüber wollen wir jetzt lieber nicht weiter nachdenken.

Das Zähneputzen ist ein guter Vergleich, um zu erklären, wie kraftvoll unsere Gewohnheiten sein können. Doch jetzt lass uns die ganze Sache mal auf unsere regelmäßige Zeit mit Jesus übertragen. Auch hier gilt: Am Anfang treffen wir eine Entscheidung, die Gewohnheit zu formen, doch mit der Zeit formt die Gewohnheit uns. Sie führt uns näher an Gottes Herz und lässt uns erkennen, wie gut Gott wirklich ist. Wie sehr er uns liebt und wie faszinierend sein Evangelium ist.

Genau diese Gewohnheit wollte ich in meinen Alltag einfügen. Die Frage war nur, wie das ganz praktisch funktionieren konnte. Im Sommer 2015 kaufte ich mir das Buch von Charles Duhigg „Die Macht der Gewohnheit". Obwohl es sich um ein wissenschaftliches Sachbuch handelt und nicht leicht zu lesen ist, vertiefte ich mich ganz in die Gedanken des Autors. In seinem Buch erklärt er, wie Gewohnheiten funktionieren und wie man sie ändern kann. Ich nutzte jede Gelegenheit, in dem Buch weiterzulesen. Morgens mit einem leckeren Kaffee auf meinem Sessel, tagsüber bei Fahrten in der Berliner S-Bahn oder abends gemütlich im Bett.

Die Erkenntnisse aus diesem Buch bereicherten mich wirklich sehr. Sie halfen mir, meine geplante Gewohnheit, regelmäßig Zeit mit Jesus zu verbringen, Stück für Stück im Alltag zu etablieren. Charles Duhigg spricht in seinem Buch davon, dass Gewohnheiten meist in einem ähnlichen Muster daherkommen. Etwas vereinfacht sagt er: Am Anfang jeder Gewohnheit steht ein Impuls, ein Trigger-Point, so eine Art Auslösereiz, am Ende dann ein Versprechen, eine Belohnung, ein positives Gefühl. Zwischen diesem Trigger-Point und der Belohnung gibt es ein bestimmtes Verhalten. Je stärker die Belohnung bzw. das positive Gefühl danach ist, desto größer ist die Aussicht, dass wir unser Verhalten wiederholen. Mit der Zeit entsteht aus dem einmaligen Verhalten eine Routine, die sich zu einer festen Gewohnheit etabliert. So zumindest die einfache Theorie.

Wenn ich also die feste Gewohnheit bauen möchte, Zeit mit Jesus im Alltag zu verbringen, kann ich ein paar Sachen unternehmen, die es mir leichter machen, wirklich dranzubleiben. Welche Dinge meine ich damit konkret?

Erinnern wir uns an den sogenannten Auslösereiz. Wie wäre es, wenn ich mir einen solchen Reiz auch für meine Zeit mit Jesus setzen würde? Das kann beispielsweise eine Erinnerung auf dem Smartphone sein, die mich jeden Tag zur selben Zeit auffordert, meinem Plan nachzugehen. Es könnte aber auch meine Bibel sein, die ich mir bewusst an die Orte lege, an denen ich Zeit mit Gott verbringen möchte, beispielsweise auf den Tisch vor der Couch.

Eine andere Möglichkeit wäre es, bereits etablierte Gewohnheiten als Auslösereiz zu nehmen. Ich könnte das Zähneputzen als Trigger-Point nutzen und meine Augen schließen, um zu beten. Oder mir eine Erinnerung ins Cockpit meines Autos pinnen und das Radio auslassen, um stattdessen bei der Fahrt mit Jesus zu reden – hier natürlich mit geöffneten Augen. ;-)

Es gibt unzählige Ankerpunkte im Alltag, die als Auslösereiz funktionieren könnten. Dabei müssen es noch nicht mal Dinge sein, die man selbst steuert. Es können genauso gut Momente sein, die einfach in unserem Alltag passieren. Wie wäre es, wenn ich immer, wenn ich irgendwo Kirchenglocken höre, kurz innehalte und dabei ein Gebet spreche? Oder wenn ich kleine Wartezeiten im Supermarkt an der Kasse, an der Bushaltestelle oder im Fahrstuhl nutze, um mit Gott zu reden?

All diese Ereignisse im Alltag können als Trigger-Point dienen. Sie müssen eben nur klar definiert und offensichtlich sein. Dazu würde es auch extrem helfen, die Dinge nicht allein zu starten. Mit einem Freund oder einer Freundin gemeinsam Absprachen zu treffen und sich dann gegenseitig upzudaten, kann echte Wunder bewirken.

Nun redet Charles Duhigg im zweiten Punkt von einer Belohnung, einem positiven Gefühl. Wie wäre es, wenn ich die Zeit mit Jesus mit etwas verbinde, was ich sowieso liebe? Beispielsweise mit einem köstlichen Kaffee oder einem schönen Spaziergang. Das wäre ein guter Anreiz!

Vielleicht könnte das zufriedenstellende Gefühl auch so mehr Raum gewinnen: Ich setze mir ein konkretes Ziel und fange an, es zu protokollieren. Beispielsweise möchte ich mir jeden Tag, bevor mein eigentlicher Alltag beginnt, 20 Minuten Zeit nehmen, um Bibel zu lesen und zu beten. Ich schreibe mir dieses Ziel sichtbar auf und mache im Kalender an jedem Tag, an dem es geklappt hat, ein Kreuz. Wenn ich dann zwei Kreuze hintereinander gesetzt habe, verbinde ich sie zu einer Kette. Dasselbe funktioniert natürlich auch digital auf dem Smartphone. Es gibt eine Menge cooler Habit-Tracker-Apps, mit denen man solche Ketten bauen kann. Je länger die Kette wird, desto motivierter bin ich dranzubleiben.

Dazu könnte ich mir vielleicht auch ein extra Notizbuch kaufen. In diesem Büchlein notiere ich meine Gedanken und insbesondere meine Fragen an Gott. Dann verfolge ich aufmerksam, wie sich mein Glauben entwickelt, und schreibe auch das auf. Schenkt Gott Antworten auf meine Fragen? Durfte ich etwas erleben, was mich im Glauben ermutigt hat? Wenn ich dann mal unmotiviert bin, kann ich mir die Notizen durchlesen und auf diese Weise neuen Elan tanken. Denn zu sehen, wie ich im Glauben vorwärtskomme, wäre doch ein triftiger Grund, die Gewohnheit weiter zu festigen, oder?

Wie du siehst, gibt es viele Möglichkeiten, das theoretische Wissen über Gewohnheiten praktisch im Alltag anzuwenden. Das Buch von Charles Duhigg habe ich übrigens mit Begeisterung zu Ende gelesen und angefangen, einige Sachen auszuprobieren. Dabei stellte sich mir jedoch noch eine wichtige Frage. Wie genau wollte ich meine Zeit mit Jesus gestalten? Schließlich gibt es doch so unterschiedliche Möglichkeiten, ihm zu begegnen.

Tatsächlich ist es so, dass der Weg nach Emmaus nicht für jeden von uns derselbe ist. Wir begegnen Jesus aufgrund unserer Persönlichkeit, unserer Erfahrungen und Vorlieben auf ganz unterschiedliche Art und Weise. Deshalb war es für mich, nachdem ich all das wertvolle Wissen über Gewohnheiten gesammelt hatte, so entscheidend herauszufinden, wie mein persönlicher Zugang zu Gott aussehen konnte.

DER PERSÖNLICHE WEG NACH EMMAUS

Auf der Suche nach meinem persönlichen Weg, Gott im Alltag zu begegnen, halfen mir insbesondere die Gedanken von Gray L. Thomas. Er hat ein Buch geschrieben mit dem Titel „Neun Wege, Gott zu lieben". Darin erzählt auch er von seiner Überzeugung, dass der Zugang zu Gott für jeden von uns unterschiedlich ist. Wenn wir unseren eigenen Weg finden, wird er uns helfen, die Zeit mit Jesus in unserem Alltag zu einem festen Bestandteil werden zu lassen. Warum? Weil das, was wir tun, wirklich eine Auswirkung hat. Wir fühlen uns Gott nah. Und das ist so viel mehr als eine einfache Belohnung. Es ist die Erfüllung unserer tiefsten Sehnsucht.

Aus diesem Grund habe ich in Anlehnung an das Buch von Gary L. Thomas acht Wege herausgearbeitet, die uns eine Vorstellung davon geben können, welche unterschiedlichen Zugänge es zu Gott gibt. Mein Herzenswunsch ist es, dass du dich in dieser Auflistung selbst wiederfindest. Mit großer Wahrscheinlichkeit wird dich nicht nur ein einziger Weg ansprechen. Sehr oft ist es ein Mix aus verschiedenen Zugängen. So ist es jedenfalls auch bei mir; später werde ich dir mehr darüber verraten. Kommen wir nun zu den acht unterschiedlichen Wegen.

Der Weg der Fürsorge

Für dich ist es ein echtes Geschenk, dich um andere Menschen zu kümmern. Du spürst Gottes Liebe, wenn du in das strahlende Gesicht der Menschen siehst, denen du geholfen hast. Im persönlichen Gebet denkst du oft nur an andere und vergisst dabei deine eigene Situation. Es zerreißt dir förmlich das Herz, wenn andere vor einer aussichtslosen Situation stehen. Du fühlst dich hilflos und würdest am liebsten mit dem Betroffenen tauschen, um ihm seine Last abzunehmen. Deine Fürsorge für andere lässt dich geistlich auftanken und bringt dich näher zu Gott.

Manchmal ist es für dich gar nicht so einfach, andere Christen, denen dieser besondere Blick für Menschen fehlt, nicht zu verurteilen. Für dich ist es eben nun mal das Schlimmste, wenn Menschen übersehen werden. Christlicher Glaube ohne Fürsorge ist für dich nicht vollständig. Wenn du zurückblickst, kannst du mit großer Sicherheit sagen, dass dein Feuer für Jesus gerade in diesen Momenten der Fürsorge stärker wurde. Anderen zu dienen, hat dir immer bewusst gemacht, wie sehr Jesus Christus uns gedient hat.

Der Weg der Beziehungen

Allein Bibel zu lesen und zu beten war für dich schon immer ein echter Krampf. Statt Gott dabei zu begegnen, hast du dich in deinem Zimmer häufig einsam gefühlt. Du hattest schon oft ein schlechtes Gewissen wegen deines Glaubenslebens. Andere Christen schaffen es täglich, ihre Bibel zu lesen, doch für dich ist die ganze Sache wie eine nervige Hausaufgabe. Am Ende hast du sie nie gemacht. Du bist frustriert und fühlst dich falsch.

Dagegen sehen die Dinge in Gemeinschaft ganz anders aus. Du liebst es, dich mit Freunden zu treffen und mit ihnen deinen Glauben zu teilen. Am Anfang konntest du gar nicht glauben, wie cool das sein kann. Das Bibellesen mit Freunden holt dich komplett ab. Du begegnest Gott in Gemeinschaft mit anderen Christen und spürst, wie dabei deine Leidenschaft im Glauben zunimmt.

Der Weg des Intellekts

Du liebst es, die Bibel mit deinem Verstand zu erforschen. Eine Sache zu hinterfragen, bedeutet für dich nicht in erster Linie, daran zu zweifeln, sondern sie ernst zu nehmen. Oberflächlichkeit kannst du dagegen überhaupt nicht leiden. Vielleicht bist du dadurch auch schon manchmal etwas angeeckt. In deinem Verstand müssen die Dinge Substanz haben. Nur „erlebt" reicht für dich nicht. Du möchtest sie auch gerne „belegt" haben.

Wenn du Zeit mit Gottes Wort verbringst, hast du auch gerne einen Bibelkommentar zur Hand. Es erfüllt dich mit Freude, wenn du dein Wissen vergrößern und Gott auf diese Weise begegnen kannst. Auf der anderen Seite gehst du manchmal durch krasse Glaubenskrisen. Dabei fühlst du dich in Gesprächen mit anderen gefühlsbetonten Christen oft ziemlich unverstanden. Du scheinst der Einzige zu sein, der sich diese schwierigen Fragen stellt. So kämpfst du dich häufig allein hindurch.

Doch wenn du einmal das Tal überwunden hast, ist dein Glaube stärker geworden. Dadurch hast du eine große Standfestigkeit im Glauben und weißt, mit Zweifeln richtig umzugehen. Wenn du etwas Neues gelernt hast, nimmt auch das Feuer im Glauben zu. Du bist fasziniert von der Tiefe der Bibel. Ein einziger Vers kann dich stundenlang beschäftigen.

Der Weg der Stille

Du liebst die Zeit allein mit Gott. Wenn dein Terminkalender zu voll wird, geht's dir nicht sonderlich gut. Betäubende Geschäftigkeit ist dein größter Gegner. Du brauchst diesen Ort, an dem du mit Gott zur Ruhe kommen kannst. Insgeheim kannst du jene Christen nicht verstehen, die nur arbeiten, tun und machen. Manchmal hinterfragst du sogar ihre geistliche Tiefe. Auf der anderen Seite fühlst du dich durch sie auch hin und wieder unter Druck gesetzt, mehr für den Glauben und die Gemeinde zu tun.

Dabei sind für dich das Gebet, die Anbetung und die damit verbundene Hingabe viel entscheidender. Du kannst stundenlang über Gottes Schönheit nachdenken und bist fasziniert davon. Dabei denkt mehr dein Herz und weniger dein Verstand. In Gottes Gegenwart zu sein, ist dein größtes Ziel. Allem, was sich dem in den Weg stellt, versuchst du selbst aus dem Weg zu gehen.

Du liebst Bücher über das meditative Gebet. Sie helfen dir, zu dem Ort im Herzen zu kommen, an dem du vor Gott einfach nur sein kannst. Genau hier begegnest du Gott und spürst, wie dein Herz Feuer fängt.

Der Weg der Schöpfung

Die einen sehen einen gewöhnlichen Felsen in der Natur, du siehst Gottes Stärke. Die einen sehen einen alltäglichen Sonnenuntergang, du dagegen siehst Gottes pure Schönheit. Du hast schon häufiger erlebt, wie andere Menschen dich als Schwärmer abgestempelt haben. Für sie wirkten deine Beschreibungen der Schöpfung völlig übertrieben. Dabei sind es für dich jene Momente, in denen du Gott begegnest. Du bist erstaunt und fasziniert zugleich.

Für dich sind diese Bilder der Natur ein echter Grund für Anbetung. Du liebst es, mit Gott in seiner Schöpfung unterwegs zu sein und Neues zu entdecken. Gleichzeitig kannst du hier draußen so gut mit Gott reden, wie sonst nirgendwo anders. Du hast manchmal auch das Gefühl, als würde Gott durch seine Schöpfung ganz klar zu dir sprechen. Das ist einfach unglaublich. Wenn du wieder nach Hause kommst, bist du aufgetankt und inspiriert für den Alltag. Du spürst, wie dieses „Rauskommen mit Gott" deinen Glauben belebt.

Der Weg des Erschaffens

Du liebst es, Sachen aufzubauen, zu gestalten und zu entwickeln. Fortschritt und Wachstum sind deine größten Ziele. Dabei sind Kreativität und Effizienz deine Werkzeuge. Du brauchst selten Motivation von außen. Vielmehr bist du derjenige, der versucht, andere für seinen Traum zu ermutigen. Er brennt in dir und treibt dich an. Wenn du abends im Bett liegst und auf einen effektiven Tag zurückschauen kannst, bist du zufrieden. Gleichzeitig liebst du es, dein Gebetsleben zu dokumentieren, um Ergebnisse zu sehen und im Gebet messbar zu wachsen. Du hakst manchmal selbst deine Zeit mit Gott als To-do ab.

Dagegen fällt es dir gar nicht so leicht, Gott in der Stille zu suchen. Du bist schließlich immer in Bewegung. Es gab durchaus Momente, in denen du in Konflikt mit anderen Christen gekommen bist. Gerade mit jenen Christen, die das Stillsein vor Gott weitaus wichtiger nahmen als du. Manchmal fühlst du dich für deinen Aktionismus verurteilt. Zwischen den Zeilen anderer Christen hörst du ständig die Botschaft, dass du zu wenig betest.

Dabei fühlst du dich Gott eigentlich am nächsten, wenn du viel für ihn leisten kannst. Qualität ist deine Form der Anbetung. Du möchtest Gott dein Bestes geben, weil du der Überzeugung bist, dass er es verdient hat.

Der Weg der Sinne

Du begegnest Gott mit allen Sinnen. Ob durch das Sehen, Fühlen, Hören, Riechen oder Schmecken. Du spürst Gott in all diesen Dingen. Dadurch haben symbolische Handlungen eine besondere Bedeutung für dich. Sie schenken dir einen wahren Moment mit Gott. Wenn du beispielsweise deine Lasten in Form von kleinen Steinen zum Kreuz bringst, wenn du mit anderen Christen Abendmahl feierst, wenn du eine Kerze in der Kirche anzündest oder wenn du in Israel all die geschichtsträchtigen Orte sehen darfst – genau dann fühlst du dich Gott am nächsten.

Neben all dem Bekannten bist du auch immer wieder offen für Neues. Dabei ist dir die äußere Form sehr wichtig. Sie transportiert und verstärkt den Inhalt. Was dich frustriert, sind Gottesdienste, die jede Form der Symbolik verloren haben. Christliche Events, deren scheinbar einziges Kennzeichen Lautstärke ist, stoßen dich förmlich ab. Du fühlst dich einfach komplett fehl am Platz. Stattdessen sehnst du dich nach besinnlichen Momenten, Harmonie und tiefer Bedeutung. Das bringt dich zum Staunen und entfacht neue Begeisterung in deinem Glauben.

Der Weg der Emotionen

Für dich spielen Gefühle eine sehr wichtige Rolle. Dir reicht es nicht, nur von Gottes Gegenwart zu wissen, du möchtest sie erleben. Du liebst es, über König David zu lesen, wie er voller Freude vor der Bundeslade getanzt hat. Er sprang, jubelte und freute sich über seinen Gott. Dagegen fordern dich Christen heraus, die ihren Glauben aus einer komplett rationalen Sicht betrachten. Manchmal hast du das Empfinden, dass diese Leute Emotionen schier verteufeln. Was für dich völliger Unsinn ist. Gerade unser Herz ist doch der Ort, an dem Gott uns begegnen möchte!

Darum ist es dir unheimlich wichtig, deinen Emotionen Ausdruck zu verleihen. Häufig passiert das auch durch Kreativität. Ob durch Musik, Tanzen, Malen oder andere Formen. Dieser gefühlsbetonte Weg gibt dir das Empfinden, Gott wirklich nahe zu sein.

Du assoziierst mit Emotionalität keineswegs Schwäche, sondern die Fähigkeit, sich für Gott zu öffnen. Deshalb liebst du auch Gottesdienste, in denen mit Leidenschaft gefeiert, aber auch mit Tränen Betroffenheit ausgedrückt werden darf. Genau hier beggnest du Gott ganz spürbar und erlebst, wie dein Glaube neu Feuer fängt.

WAS MEINE NEUE GEWOHNHEIT BEWEGT HAT

Diese acht unterschiedlichen Wege haben mir geholfen, meinen persönlichen Zugang zu Gott zu finden. Ich hoffe, dass auch dich einer dieser Zugänge angesprochen hat. Vielleicht war es auch eine Mischung aus mehreren Aspekten.

So ist es auch bei mir – und ehrlich gesagt könnten meine zwei Favoriten fast nicht gegensätzlicher sein. Ich begegne Gott auf dem Weg des Erschaffens und auf dem Weg der Stille. Normalerweise kriegen sich diese zwei Wege ziemlich oft in die Haare. Dennoch habe ich das Gefühl, dass sich beide in mir vereinen. Vielleicht ist das auch der Grund, warum ich mich in der rasanten Entwicklung von STAYONFIRE irgendwann so stark danach sehnte, die Beziehung zu Gott in aller Stille zu erleben.

Im zweiten Kapitel habe ich davon erzählt, dass ich das Gefühl in mir trug, die Beziehung zu Jesus bei all den Aufgaben von STAYONFIRE aus den Augen zu verlieren. Aus diesem Grund machte ich mir Gedanken über eine neue klare Ausrichtung – mithilfe der drei Grundsätze, die ich dir gezeigt habe. Diese führten mich dahin, dass ich meiner Beziehung zu Jesus wieder mehr Raum schenken wollte.

Dabei waren mir die Emmaus-Jünger eine echte Inspiration. Sie öffneten mir die Augen dafür, dass es Gottes Sehnsucht war, die mich zurück in seine Arme lenkte. Ich traf die Entscheidung, eine neue Gewohnheit zu etablieren. Ich wollte anfangen, täglich meinen persönlichen Weg nach Emmaus zu gehen, um Jesus die Möglichkeit zu geben, mir zu begegnen. Dazu las ich auf der einen Seite ein spannendes Buch über Gewohnheiten, was half, diesen Plan tatsächlich in meinem Alltag umzusetzen. Und auf der anderen Seite schenkten mir die neun Wege von Gary L. Thomas ein klares Bild davon, wie mein persönlicher Weg aussah.

Es konnte also losgehen. Und tatsächlich, mit der Zeit eta-

blierte sich eine neue Gewohnheit in meinem Alltag. Da ich eher ein „Morgenmensch" bin, entschied ich mich, etwas früher aufzustehen, um meinen Tag mit Jesus zu starten. Dafür hatte ich bereits am Vorabend meine Sachen zum Anziehen auf einen Stapel neben meinem Bett gelegt. Dieser Stapel war für mich wie ein Auslösereiz. Er half mir, morgens schneller aus dem Bett zu kommen. Ich musste nicht erst zum Schrank gehen, überlegen und entscheiden, was ich anziehe. Stattdessen konnte ich direkt meine Klamotten schnappen, unter die Dusche springen und anschließend einen leckeren Kaffee aufbrühen.

Danach setzte ich mich in meinen gemütlichen Sessel und spielte eine ruhige Worship-Playlist im Hintergrund ab. Die Atmosphäre war einfach herrlich. Keine Hektik, keine Aufgaben, kein Stress. Einfach nur Ruhe und Gelassenheit. Das war es, was ich in diesem Moment spürte. Ich nahm meine Bibel und begann zu lesen. Wenn mich ein Vers besonders ansprach, markierte ich ihn und speicherte ihn mir für später ab. Ich liebte es, eine eigene Datenbank an guten Bibelversen aufzubauen. Sie war sortiert nach Schlagworten und machte es mir leicht, zu jedem geistlichen Thema Gottes Wort im Blick zu behalten. Ob Gebet, Nächstenliebe oder Umkehr. Die Sammlung an guten Bibelstellen wuchs immer weiter an.

Neben dem Bibellesen nahm ich mir ebenso Zeit, um einfach still zu werden. Ich dachte nach, schrieb manchmal etwas in mein Notizbuch und versuchte, Gott den bevorstehenden Tag in die Hände zu legen. Manchmal war es ein kurzes Gebet, ein anderes Mal wurde es etwas länger. Häufig betete ich auch für andere Menschen, die aktuell vor einer Herausforderung im Leben standen. Insgesamt lag es mir einfach auf dem Herzen, Gott zu vertrauen. Ich wollte lernen, ihm die Kontrolle abzugeben. Schließlich hatte er doch den Tag bereits vorbereitet. Da war ich mir sicher.

20 bis 30 Minuten später schlürfte ich den letzten Schluck Kaffee aus meiner Tasse, schnappte mir mein Smartphone,

öffnete eine Habit-Tracker-App und setzte ein Kreuz für diesen Tag. Es fühlte sich gut an – nicht nur die Zeit an sich, sondern auch die Gewissheit, dass ich auf dem Weg nach Emmaus war. Ich wollte einfach ein Jünger sein, der für seine Bestimmung lebt, Gott nah zu sein. Wohin ich auch ging, egal was ich tat – ich wollte für meine Zeit mit Jesus immer einen Raum im Alltag finden. Gerade auch in der neuen Phase, die nun kurz bevorstand.

EIN NEUES KAPITEL

Das Zwischenjahr nach meinem Abitur neigte sich langsam dem Ende zu. Vor mir stand tatsächlich ein neuer Lebensabschnitt: mein Studium. Nach längerem Nachdenken hatte ich mich entschieden, im Theologischen Seminar Erzhausen Theologie zu studieren, um anschließend den Weg eines Pastors einzuschlagen. Das Seminar in der Nähe von Darmstadt hatte ich auf Empfehlung einiger Freunde ausgewählt. Tatsächlich war sogar ein guter Freund aus meiner Berliner Gemeinde bereits 2013 nach Erzhausen gezogen, um dort im Seminar zu studieren. Er war begeistert und bestätigte meine Entscheidung, ebenfalls diesen Weg einzuschlagen.

Ich freute mich auf die neue Umgebung, meine Mitschüler und das Privileg, die Bibel tiefer zu studieren. Es würde eine echte Horizonterweiterung werden. Also packte ich Mitte August 2015 meine Siebensachen zusammen und machte mich bereit für den Absprung aus Berlin. Es war nicht unbedingt leicht, meine Familie und Freunde zurückzulassen, wobei es sich eigentlich nicht wie ein Abschied anfühlte. Ich war fest entschlossen, die Heimat regelmäßig zu besuchen.

Als ich im Seminar in der Nähe von Darmstadt ankam, fühlte ich mich sofort wohl. Mit meinen Kommilitonen verstand ich mich auf Anhieb. Das lag wahrscheinlich auch an meiner

Persönlichkeit. Mir fällt es grundsätzlich relativ leicht, mich schnell auf eine neue Umgebung und neue Menschen einzulassen und mich an die veränderten Umstände anzupassen.

Da ich mit meiner Heimat auch meine Gemeinde, das ICF Grünheide, verließ, wollte ich mir unbedingt in der Rhein-Main-Gegend eine neue Church suchen. Zumal das praxisbezogene Studium das eh verlangte. Neben dem Unterricht in der Woche sollte man am Wochenende in einer Gemeinde ehrenamtlich mithelfen. Diese Mitarbeit in der Gemeinde war sozusagen ein parallel laufendes Begleitpraktikum zum Studium.

Meine Entscheidung fiel auf die Move Church Wiesbaden. Dort erlebte ich ein Gemeindeleben, das mir in der Größe bisher völlig fremd gewesen war. Die Gemeinde zählte zu diesem Zeitpunkt um die 700 Gottesdienstbesucher. Auch die Jugend erreichte wöchentlich mit ihren Events über 100 junge Leute. Die Move Church sollte für die nächsten drei Jahre mein geistliches Zuhause werden. Ich freute mich darauf! Schnell hatte ich auch hier neue Freunde gefunden.

Die Arbeit für STAYONFIRE wickelten Lukas und ich weitestgehend online ab. Wir dachten zuerst, dass die Distanz uns einen Strich durch die Rechnung machen würde. Doch dem war nicht so. Wir sprachen nun fast regelmäßiger miteinander als zu der Zeit, als wir noch dicht beieinander gewohnt hatten.

Das Studio-Equipment von STAYONFIRE nahm ich mit nach Erzhausen, um von dort aus Videos aufzunehmen. Alles lief reibungslos und ohne nennenswerte Probleme. Schon bald fragte ich einen meiner Studienkollegen, ob er nicht auch mal Lust hätte, ein Video aufzunehmen. STAYONFIRE nahm also weiter Fahrt auf und erreichte kontinuierlich mehr Menschen. Dazu erhielt ich immer mehr Einladungen, um als Gastsprecher auf christlichen Events zu predigen. Mit Begeisterung nahm ich die meisten Anfragen an.

Neben dem Studium, der neuen Gemeinde und der Arbeit

für STAYONFIRE wollte ich aber natürlich auch meine etablierte Gewohnheit aus der Heimat mit nach Erzhausen nehmen. Also suchte ich zuerst auf dem Campus nach einem schönen Ort für meine Zeit mit Jesus. Schließlich fand ich diesen Ort in unserer Seminarkapelle. Hier konnte ich mit meiner Bibel, einem guten Kaffee und meiner Bluetooth-Box genau denselben Weg nach Emmaus gehen, wie ich es vor einiger Zeit noch in meinem ehemaligen Kinderzimmer getan hatte.

Nach einer kleinen Eingewöhnungsphase schlich ich mich also fast jeden Morgen in die Kapelle und verbrachte einige Zeit mit Jesus, bevor der Unterricht begann. Wie gut, dass Gott überall derselbe war, ist und immer sein wird. Am Rand von Berlin und auch in der Nähe von Darmstadt. Ja, überall ist er bereit, uns zu begegnen.

Natürlich war es nicht immer einfach, jeden Morgen früher aufzustehen, um Zeit mit ihm zu verbringen. Gerade auch in einer Umgebung, in der so vieles neu war. Doch am Ende fand ich den Weg zurück in meine Routine. Der Weg in die Stille, mit all den Trigger-Points und Belohnungen, war zu meinem persönlichen Weg geworden.

Und das ist bis heute so. Auch wenn es immer wieder Phasen gab, in denen ich zu kämpfen hatte, meine persönliche Zeit mit Jesus nicht aus den Augen zu verlieren. Wahrscheinlich wird das auch bis zu meinem Lebensende so bleiben. Doch Gottes Sehnsucht wird mich immer wieder zurück in seine Arme führen. Nach Emmaus. Es ist der Ort, an dem ich Gott neu erkannte und immer wieder neu erkenne. Ja, ich lese von seiner Gnade, von seiner Liebe und von seiner Vergebung. Immer mehr darf ich verstehen, wie genial und durchdacht Gottes Plan von Anbeginn der Menschheit war.

Natürlich gibt es auch Momente, in denen ich nicht alles verstehe und ein Fragezeichen zurückbleibt. Das bleibt nicht aus, bei niemandem von uns. Doch sehr oft begegnet mir Gott auch in meiner Ahnungslosigkeit und offenbart mir neue Geheimnisse. Er schenkt mir tatsächlich ähnliche Momente, wie sie auch die Emmaus-Jünger erlebt hatten. Ich entdecke Jesus selbst im Alten Testament, lese über Prophetien, die sich im Neuen Testament erfüllten. Das ist manchmal echt mind-blowing.

Am Ende dieses Kapitels kann ich wirklich sagen, dass die regelmäßige Zeit mit Jesus meinen Glauben neu on fire gesetzt hat. Es war sicherlich nicht dieselbe euphorische Begeisterung wie noch vor drei Jahren, als ich diese außergewöhnlichen Geschichten mit Tim und Toni erlebt hatte. Mein Glaube hatte sich einfach verändert. Es war ein neues Feuer. Aber ein Feuer, das weiterbrannte, selbst wenn die euphorischen Gefühle einmal schwächer wurden.

Ich hoffe sehr, dass dich dieses Kapitel für deine nächsten Schritte im Glauben inspiriert hat. Lass dich ermutigen: Geh deinen persönlichen Weg, auf dem du Gott begegnest, regelmäßig in deinem Alltag. So wird dein Glaube sein Feuer im Alltag behalten.

KEYPOINTS

1. Gott sehnt sich danach, uns auf Augenhöhe zu begegnen. Genau da, wo wir stehen. In unserer Ahnungslosigkeit. In unseren Zweifeln. In unserer Herausforderung.

2. Die persönliche Begegnung mit Jesus entfacht das Feuer in unserem Herzen. Eine Gewohnheit, die dieser Begegnung Raum in unserem Alltag schenkt, gibt unserem Feuer die notwendige Nahrung.

3. Gewohnheiten funktionieren meist nach einem ähnlichen Muster: Auslösereiz – Routine – Belohnung. Sichtbare Auslösereize und gute Belohnungen helfen uns dabei, neue Gewohnheiten zu etablieren.

4. Wir begegnen Jesus aufgrund unserer Persönlichkeit, unserer Erfahrungen und Vorlieben auf ganz unterschiedliche Art und Weise.

5. Ein Feuer für Jesus zeigt sich weniger in einem Gefühl als vielmehr in der Entscheidung weiterzugehen, wenn das euphorische Gefühl einmal ausbleibt.

KAPITEL 4

ES ZEIGT STÄRKE, SCHWÄCHE ZU ZEIGEN

SPIELBALL GROSSER ERWARTUNGEN

BAM-Festival, Sommer 2017. Der Saal ist gefüllt mit knapp 1000 jungen Menschen. Ich stehe neben der Bühne vor einer Absperrwand. Nur noch wenige Minuten bis zu meinem Auftritt. Ich bin voller Anspannung und konzentriert auf meine bevorstehende Aufgabe.

Welche Erwartungen schweben in den Köpfen der Jugendlichen? Welche Themen beschäftigen sie? Wird meine Predigt ihre Herzen berühren und Einfluss auf ihren Alltag haben? Werde ich es schaffen, mit ihnen in Verbindung zu kommen? Sind meine Storys wirklich lustig? Bin ich gut genug?

Ich laufe kurz hinter der Absperrwand hervor, um einen Blick in den Saal zu werfen. *Wahnsinn, was für Menschenmassen,* murmelt es lautlos in meinem Kopf. Bis jetzt habe ich noch nie vor so vielen Leuten gesprochen.

Das BAM-Festival läuft über das gesamte Wochenende. Insgesamt soll ich dreimal predigen. Viele der Teilnehmer gehören zu Konfirmandengruppen. Für sie ist das Festival der Abschluss ihrer gemeinsamen Zeit. Oder mit anderen Worten: ein lästiges Pflichtprogramm. Jedenfalls für einige. Man hat mich bereits vorgewarnt, dass es während der Predigt im hinteren Teil des Publikums etwas unruhiger werden könnte.

Während mein Blick über die vielen Köpfe schweift, steigt der Erwartungsdruck in mir weiter an. Ich möchte alles richtig machen. Nichts wäre schlimmer, als in der nächsten halben Stunde zu versagen.

Die Programmleiterin hinter der Absperrwand gibt mir ein Zeichen. Es ist so weit. Ich laufe zurück zu ihr. Sie drückt mir ein Mikrofon in die Hand und schaut mich zuversichtlich an. Dann guckt sie noch mal auf ihren Ablaufplan. Sie nickt. Jetzt geht's los.

Je größer die Reichweite von STAYONFIRE wurde, desto häufiger landeten ganz unerwartet Predigtanfragen für kleine und große Jugendevents in meinem E-Mail-Postfach. Da ich das Predigen liebe, freute ich mich über jede Einladung und nahm fast alle an. Es war ein großartiges Privileg, Menschen in ganz Deutschland ermutigen zu können. Nicht nur digital, sondern auch analog, in Form solcher Live-Inputs. Also fuhr ich am Wochenende neben meinem Studium häufig zu größeren Jugendgottesdiensten, deren Gemeinden oder Veranstalter mich eingeladen hatten.

Über die Zeit entwickelte sich eine gewisse Routine und ich war nicht mehr so aufgeregt wie am Anfang. Dennoch spürte ich die Herausforderung, mit dem Druck richtig umzugehen. „Habe ich die Erwartungen erfüllt?" Das war die Frage, die mich tief im Herzen bewegte. Dabei waren meine Ansprüche an mich selbst wahrscheinlich die höchsten von allen. Wenn ich eine Predigt in den Sand setzte, brauchte ich unglaublich lang, um mich wieder aufzurappeln. Gerade dann, wenn ich das Gefühl hatte, die Zuhörer auf meinem Weg verloren zu haben. Oder wenn der gesamte Aufbau meiner Predigt scheinbar keinen Sinn ergab. In diesen Momenten spürte ich, wie ich mich in meinem Reden immer mehr verrannte. Am Ende war ich einfach nur froh, wenn ich von der Bühne wieder runterkonnte.

Ich wusste, dass dieser Druck alles andere als gut für mich war. Dennoch konnte ich ihn nur schwer ablegen. Etwas in mir sehnte sich danach, jeden im Publikum zu beeindrucken.

So auch an diesem Abend. Ich steige die Stufen zur Bühne hinauf, laufe zu meinem Pult am vorderen Rand der gigantischen Bühne und begrüße die jungen Menschen enthusiastisch. Ich versuche, locker und lustig zu starten, die Masse abzuholen, ihr die Möglichkeit zu geben, mich kennenzulernen. Jetzt kommt's drauf an. Der Einstieg zählt. Humor ist da immer eine gute Sache.

Und tatsächlich: Es funktioniert. Die Atmosphäre im Raum lockert sich. Ich spüre, wie sich eine Verbindung zu den Zuhörern aufbaut. Erleichtert atme ich aus.

Nach dem lustigen Einstieg gilt es, die jungen Leute für Gottes Botschaft zu öffnen. Ich bete und versuche, so gut es geht, die Predigt in Gottes Hände zu legen. Gar nicht so einfach in diesem Moment. Danach starte ich voller Leidenschaft mit meiner Bibelstory aus dem Johannesevangelium, Kapitel 4.

Es geht um die samaritanische Frau am Brunnen, der Jesus auf ganz sonderbare Weise begegnete. Diese Frau kämpfte in ihrem Leben mit einigen Problemen. Sie hatte bereits fünf Ehemänner gehabt und der Mann, mit dem sie aktuell zusammen war, war überhaupt nicht ihr richtiger Mann. Mit großer Wahrscheinlichkeit wurde sie von ihrer Umgebung für diesen Lebensstil krass verurteilt. Doch Jesus nahm diese schambesetzte Frau an und schenkte ihr eine neue Perspektive für die Zukunft. Echtes Leben!

Am Ende läuft meine Predigt auf eine einfache Botschaft hinaus: „Gott macht sich auf den Weg zu dir. Er überwindet jedes Hindernis, um dir zu begegnen. Er möchte dich mit echtem Leben füllen. Vertraust du ihm?" Ich schaue in die Gesichter meiner jungen Zuhörer. Gesichter, die berührt sind von Gottes Liebe.

Am Ende der Predigt bin ich zutiefst dankbar. Gott ist am Werk. *Ist es nicht ein Geschenk, all das machen zu dürfen?*, sage ich zu mir selbst. *Warum mache ich mir nur immer so einen Stress, jeden beeindrucken zu wollen? Gott ist doch bei mir.*

Während ich langsam von der Bühne gehe, haben die Jugendlichen die Möglichkeit, auf die Botschaft zu reagieren. Vor der Veranstaltung hatten Mitarbeiter unter jeden Stuhl Zettel und Stift gelegt. Die Teilnehmer waren nun aufgefordert, auf diesem Stück Papier einen Brief an Gott zu schreiben. Darin sollten sie ausdrücken, was sie gerade im Glauben beschäftigte und wie die Predigt vielleicht ganz konkret in ihre Situation gesprochen hatte. Es wurde ganz still im Saal.

Zu diesem Zeitpunkt ahnte ich noch nicht, was Gott mir an diesem Wochenende zeigen wollte. Es sollte etwas kommen, das mich in meinem Mix aus Erwartung, Druck und dem Drang nach Perfektionismus enorm herausfordern und weiterbringen würde.

Ich predigte im Verlauf des Festivals zwei weitere Male. Zusätzlich sollte ich am Samstag zwischen der Morgen- und Abendsession einen kleinen Workshop leiten. Der Workshop hatte kein konkretes Thema, sondern sollte den Teilnehmern des Festivals die Möglichkeit bieten, Fragen an die Gastredner loszuwerden.

Wir trafen uns dazu in einem kleinen Seminarraum. Da parallel viele andere Programmpunkte angeboten wurden, kamen zu dem Workshop nur ein Dutzend Leute. Wir setzten uns in einen gemütlichen Stuhlkreis. Ich machte eine kurze Einleitung und gab dann die Gelegenheit, Fragen zu stellen. So entwickelte sich eine nette Gesprächsrunde. Die Fragen waren weitestgehend ziemlich einfach zu beantworten.

Bis mir eine Teilnehmerin vollkommen unerwartet ein ganz ehrliches Feedback zu meiner Arbeit bei STAYONFIRE gab.

Es erstaunt mich bis heute, wie ein scheinbar kleines Statement so viel in mir in Bewegung setzen konnte. Ahnte sie, was ihre Worte in mir auslösen würden? Sinngemäß sagte die Teilnehmerin: „Ich kenne deine Videos, die du bei STAYONFIRE machst. Doch statt mich zu ermutigen, frustrieren sie mich manchmal in meinem Glauben. Es wirkt, als würde bei dir alles so perfekt laufen. Du strahlst immer, redest von großartigen Glaubensgeschichten und alles scheint zu passen. Wenn ich mir dann mein eigenes Glaubensleben anschaue, bin ich enttäuscht. Bei mir laufen so viele Dinge alles andere als perfekt."

Stille. Die gesamte Runde schaute mich mit neugierigen Augen an und wartete gespannt auf meine Antwort. Ich fühlte mich überfordert und wusste nicht, was ich erwidern sollte. „Ich kann dich gut verstehen", sagte ich schließlich. Doch tat ich das wirklich? Konnte ich sie verstehen? Eigentlich versuchte ich, mich irgendwie zu rechtfertigen: „In so einem Drei-Minuten-Video möchte man eben sein Bestes geben. Da kann es passieren, dass alles ziemlich perfekt wirkt. Aber natürlich spiegeln diese drei Minuten kein ganzes Leben wider. Das ist klar. Mein Alltag besteht auch nicht nur aus Sonnenschein. Das kommt vielleicht nur in den Videos so rüber."

Ich sah in ihre skeptischen Augen. So richtig glücklich schien sie mit der Antwort nicht zu sein. Ich merkte selbst, dass meine Argumentation Löcher aufwies. „Das kommt vielleicht nur in den Videos so rüber", hatte ich gesagt. Ja, warum kommt es denn so rüber? Warum hatte sie das Gefühl, dass die Videos so ein perfektes Bild von mir zeigen?

Durch meinen Kopf rasten einige unausgesprochene Fragen. Ihr Feedback hatte mich echt getroffen, selbst wenn ich es mir nur wenig anmerken ließ. In diesem Moment wollte ich nur eins: diese Gesprächsrunde irgendwie wieder auf Kurs bringen. Also gab ich noch ein paar belanglose Sätze von mir und hoffte, dass sie damit zufrieden sein würde.

Doch das half natürlich weder ihr noch mir selbst weiter. Im Grunde ging es ja gar nicht nur um die Videos, auch wenn die Teilnehmerin speziell darauf abgezielt hatte. Der eigentliche Kern war ein anderer. Und betraf mich ganz persönlich. Ich wollte perfekt sein – in jedem Bereich, nicht nur in den Videos, auch beim Predigen und überhaupt bei allem, was ich tat. Durch meine perfekten Performances wollte ich alle beeindrucken. Genau wie auf dem BAM-Festival. Wenn es funktionierte, war ich erleichtert. Wenn nicht, war ich unfassbar enttäuscht. Meine Erwartungen an mich selbst waren völlig utopisch.

Diese ehrliche Workshop-Teilnehmerin brachte mich wirklich zum Nachdenken. Ich glaube, Gott wollte mir durch sie etwas zeigen. Denn nicht nur dort auf dem BAM-Festival, sondern immer wieder, durch viele kleine und große Erlebnisse, brachte mich Gott dazu, weiter über diese Fragen nachzudenken: *Warum möchte ich jeden beeindrucken? Was treibt mich an? Wonach sehne ich mich tief in meinem Inneren? Was bedeutet es, wirklich stark und genug zu sein?*

Diese Fragen schickten mich auf eine ziemlich spannende Reise. Eine Reise zu mir selbst und dem Denken unserer Social-Media-Generation. Ich möchte dir von dieser Reise erzählen, weil sie mir bis heute hilft, eine Stärke abzulegen, die nur eine Maske ist, und wahre Stärke anzuziehen! Diese Reise spricht von Verletzlichkeit und Ehrlichkeit. Sie soll dir zeigen, wie Gott über unser Starksein und unser Schwachsein denkt.

Ich hoffe sehr, meine Geschichte kann auch dein Denken darüber verändern. Alles beginnt beim Jüngsten von vier Söhnen.

DER JÜNGSTE VON VIER SÖHNEN

Am Stadtrand von Berlin bin ich als Jüngster von vier Söhnen aufgewachsen. Wenn ich mich an meine Kindheit zurückerinnere, dann bin ich sehr dankbar. Ich liebe meine Eltern und Brüder unbeschreiblich. Es ist ein echtes Geschenk, in so einer coolen Familie aufgewachsen zu sein. Das ist alles andere als selbstverständlich.

Doch ich war eben der Kleinste in der Geschwisterreihe. Und das hat Spuren bei mir hinterlassen. Manchmal habe ich das Gefühl, bis heute der Kleine geblieben zu sein. Ich kann Leuten begegnen, die zwei oder drei Jahre jünger sind als ich, und mich dennoch wie der Kleine fühlen.

Dazu kommt, dass ich seit meiner Kindheit unfassbar tollpatschig und verpeilt bin. Ohne Witz, das ist wirklich krass. Vielleicht habe ich auch einfach nur manchmal eine fette Konzentrationsschwäche. Jedenfalls habe ich im Lauf meiner Kindheit und Jugend einige tief gehende Glaubenssätze entwickelt: „Ich bin der kleine Verpeilte, der sich irgendwie aus dieser Schublade rauskämpfen muss." Das war einer dieser Sätze, von denen ich voll und ganz überzeugt war. Es lag gar nicht an meinen Brüdern, dass ich solche Dinge über mich glaubte; sie setzten sich einfach in meinem Kopf fest.

Schnell wurden aus diesen Sätzen feste Muster. Ich bemerkte das gar nicht, schließlich war es für mich das Normalste der Welt, so über mich zu denken. Es war die Brille, durch die ich nun mal meine Welt sah. Um als der kleine Verpeilte nicht aufzufallen oder anzuecken, entwickelte ich über die Zeit meine persönliche Strategie, mit dem empfundenen Defizit umzugehen: Ich versuchte, es jedem recht zu machen.

Wahrscheinlich wollte ich den anderen ganz intuitiv beweisen, dass ich eben nicht der kleine verpeilte Junge war. Ich erinnere mich an viele Momente, in denen mein Gegenüber genau dieses Defizit in mir ansprach oder Kommentare machte, die mich verletzten. Meine Reaktion darauf? Perfektionismus und Harmoniestreben.

Und stellenweise ist es heute immer noch so. Wenn du mich kennenlernst, wirst du relativ schnell merken, dass ich mich mit fast jedem sehr gut verstehe. Selbst mit denen, die vielleicht sonst niemand leiden kann. Das kommt daher, dass ich mich immer um ein gutes Miteinander bemühe, um vor jedem gut dazustehen. Wenn es einen Konflikt gibt, tendiere ich dazu, die Dinge runterzuspielen oder der Sache aus dem Weg zu gehen, statt mein Gegenüber zu konfrontieren. Das hat Vorteile, aber auch Nachteile.

Wenn ich irgendetwas falsch mache, jemanden enttäusche oder durch meine Verpeiltheit etwas Wichtiges verpasse, dann trifft mich das sehr. Junge, Junge! Manchmal so tief, dass ich meine Gefühle nur schwer im Griff habe. Ich entschuldige mich gefühlt hundertmal oder ziehe mich traurig zurück. In diesen Momenten fühle ich mich noch immer wie dieses kleine verletzte Kind.

Auf der anderen Seite ist dieser Wunsch, es anderen zu beweisen, eine meiner größten Motivationen. Ich möchte eben alles gut machen und an manchen Punkten besser sein als andere. Natürlich ist das ziemlich ungesund. Dennoch ist es oft leider die Wahrheit. Ich habe damit einfach zu kämpfen. Gerade in unserer Social-Media-Generation, in der sich so viel um Leistung und Performance dreht. Ich fühle mich manchmal wie getrieben. Getrieben von dem Wunsch, Menschen zu beeindrucken.

Im ersten Kapitel habe ich dir von meinem Start auf YouTube erzählt. Schon 2010 hatte ich angefangen, Gaming-Videos zu produzieren. War es wirklich nur die Leidenschaft fürs Spielen, die mich motivierte, oder auch die Möglichkeit, mit meiner Leidenschaft Tausende Menschen zu beeindrucken?

Dasselbe gilt in Bezug auf STAYONFIRE. Mein Traum war und ist es, eine neue Onlineplattform aufzubauen, die Menschen in ihrem Glauben innovativ ermutigt. Gott hat diesen Traum in mein Innerstes gelegt. Und dennoch war es nicht immer nur diese selbstlose Vision, die mich angetrieben hat. Ganz sicher nicht. Es war auch mein persönliches Defizit. Diese Sehnsucht, es meinen Mitmenschen zu beweisen, ihnen zu gefallen und endlich nicht mehr der kleine Junge zu sein. Ja, ich wollte stark sein. Stark sein in einer Gesellschaft, die individuelle Stärke großschreibt.

Zurückblickend erkenne ich, dass ich dieses Denken auch auf meine Beziehung zu Gott übertrug. Jedenfalls stellenweise. Ich hatte die Vorstellung, ich könnte Gott mit meinem Leben beeindrucken. Ich fühlte mich Gott besonders nah, wenn ich eine Menge für ihn tat. Umgekehrt fiel es mir schwer, meine Beziehung zu Gott getrennt von meiner Leistung zu sehen. Ich wollte stattdessen voller Leidenschaft mein Bestes geben.

Vielleicht war das auch der Grund, weshalb ich am Anfang von STAYONFIRE so schnell die eigentliche Richtung aus den Augen verlor. Ich wollte Gott (und anderen) beweisen, wie viel ich für ihn an den Start bringen konnte. Gleichzeitig versuchte ich, allem den Rücken zu kehren, was Gott nicht gefiel. Bis ich plötzlich als Teenager in eine Abhängigkeit tappte, die mir das Gefühl gab, in Gottes Augen ein totaler Heuchler zu sein. Sie führte mich schließlich an einen krassen Tiefpunkt.

Durch einen unglücklichen Zufall kam ich schon als Teenager das erste Mal mit Pornografie im Internet in Kontakt. Dieser Content war für mich komplettes Neuland. Auf der einen Seite war ich davon überfordert, auf der anderen Seite wollte ich mehr – und daraus erwuchs ganz schnell eine Abhängigkeit.

Mir war klar, dass Gott diese Inhalte nicht gut fand. Seine Idee von Sexualität musste doch so viel größer sein als diese selbstbezogene Befriedigung. Und dennoch konnte ich nicht aufhören. Ich wurde süchtig und fühlte mich unfassbar schuldig vor Gott. Am schlimmsten waren die Momente, direkt nachdem ich es wieder nicht geschafft hatte, Nein zu diesen Internetseiten zu sagen. Jedes Mal brach meine innere Welt zusammen.

Anfangs erzählte ich niemandem davon, weil ich dachte, ich sei als Christ mit diesem Problem allein. Ich fühlte mich wie in einem Hamsterrad gefangen: Wenn ich versagte, versuchte ich wieder aufzustehen, um gegen meine Sucht weiter anzukämpfen. Doch dann kam der Moment, in dem mir irgendwie wieder alles egal war. Ich konnte vorher noch so entschlossen gewesen sein, in diesen Momenten fühlte ich mich wie fremdgesteuert. Plötzlich hatte ich gar keine Lust mehr, gegen die Sucht anzukämpfen. Wie aus dem Nichts war mir alles so furchtbar gleichgültig. Am Ende versagte ich wieder und lag innerlich am Boden. Ich konnte es nicht fassen. *Warum habe ich nur so schnell aufgegeben? Wie konnte das passieren? War ich nicht entschlossen gewesen zu kämpfen?*

Und so ging es immer weiter. Irgendwann konnte ich es nicht mehr glauben, dass Gott mir all den Mist vergeben würde. Wie oft hatte ich ihm versprochen, dass ich es beim nächsten Mal schaffen würde – und dennoch hatte ich immer wieder die Kontrolle verloren. Meine Schuldgefühle wurden stärker. Irgendwann war mir klar: *Diesen Kampf kann ich nicht alleine gewinnen. Ich muss mit jemandem darüber reden.* Allerdings wusste ich nicht so recht, wer dieser jemand sein sollte. Ich schämte mich sehr und schob es auf.

Erst auf einer Jugendfreizeit im Sommer 2011 sollte der Moment kommen. Ich nahm all meinen Mut zusammen und sprach mit einer vertrauenswürdigen Person darüber. Es war eine echte Befreiung. Endlich war es raus. Die Person hörte mir aufmerksam zu, wertschätzte mein Vertrauen und ermutigte mich neu, niemals an Gottes Liebe zu mir zu zweifeln. Am Ende beteten wir gemeinsam und baten Gott um Hilfe in meiner Herausforderung. Ich fühlte mich nach diesem ehrlichen Gespräch unfassbar gestärkt.

Mit der Zeit fand ich auch in meinem persönlichen Umkreis Freunde, mit denen ich über meine Herausforderung reden konnte. Ich merkte, dass ich mit diesem Problem doch nicht allein war. Das alles half mir sehr. Mit der Zeit wurden die Abstände meiner Rückfälle etwas größer. Neuer Mut kam in mir auf. Bis ich wieder versagte.

Inzwischen schrieben wir das Jahr 2012. Wie ich schon erzählt habe, durfte ich in dieser Zeit erleben, wie Gott ganz konkret mein Feuer für ihn entfachte. Ich übernahm in meiner Gemeinde mehr Verantwortung für die Jugendarbeit. Ja, und auch die Idee von STAYONFIRE gewann in jenem Jahr in meinem Kopf immer mehr Gestalt.

Doch trotz der tollen Erlebnisse mit Gott war es mit meiner Abhängigkeit noch nicht vorbei. Wenn ich einen Rückschlag erlebte, zerriss es mir förmlich das Herz. Schließlich brannte doch in mir so eine Leidenschaft für den Glauben. Ich wollte Gott mein Bestes geben! Ihn beeindrucken mit dem, was ich tat. Wie also konnte ich auf der anderen Seite Dinge tun, von denen ich wusste, dass sie Gott nicht gefielen?

Oft stand ich vor dem Spiegel, sah mir in die Augen und sagte innerlich: *Was bist du eigentlich für ein Heuchler! Am Wochenende gibst du Vollgas in der Gemeinde und am Montag löschst du deinen Browserverlauf.*

Ich fing an, mich selbst zu verurteilen. Mein Plan, Gott zu beeindrucken, scheiterte auf ganzer Linie. Anstatt mich stark zu fühlen, fühlte ich mich schwach. Unfassbar schwach. Kurz nach den Rückschlägen, dort am Tiefpunkt meiner Abhängigkeit, kam ich mir vor wie der größte Versager. Wie sollte Gott jemanden gebrauchen, der so schwach war wie ich? Der nicht hielt, was er sagte? Der scheinbar unfähig war zu kämpfen?

Heute blicke ich zurück und sehe diesen kleinen Jungen in mir. Diesen kleinen Jungen, der dafür kämpfte, gut genug und stark genug zu sein. Vor Menschen und vor Gott. Und ich sehe ihn scheitern. Am Boden liegen. Am Tiefpunkt angekommen. Ich sehe Schwachheit und Verletzung. Und ich frage mich: Was sah Gott in mir? Den Versager? Den Heuchler? Den Kleinen? Sah er nur meine Schwäche?

Wie denkt Gott überhaupt über unsere Schwäche? Und was bedeutet es wirklich, bei ihm stark zu sein? Bewertet Gott unsere Stärke nach denselben Maßstäben wie unsere Gesellschaft? Zählen vor Gott Leistung und Performance?

Um diese Fragen zu beantworten, möchte ich mit dir einen Blick in die Bibel werfen. Genauer gesagt ins Neue Testament. Wir springen in einen Brief, den Paulus geschrieben hat: den ersten Brief an die Gemeinde in Korinth.

WAS SAGT DIE BIBEL ÜBER UNSERE SCHWÄCHE?

Die griechische Handelsstadt Korinth war im 1. Jahrhundert allgemein dafür bekannt, eine Stadt voller kluger, einflussreicher und wissbegieriger Denker zu sein. Für sie drehte sich alles um Macht und Einfluss. Wer hatte das Sagen? Wer lenkte die Fäden? Wer war der Stärkste? Genau in diese Stadt kam auch Paulus auf seinen Missionsreisen.

Paulus war eine bemerkenswerte Persönlichkeit. Als die neue Lehre von diesem Jesus anfing, sich in Jerusalem und Umgebung auszubreiten, wurde Paulus zu einem der größten Gegner dieser Bewegung. Mit unvergleichlichem Eifer versuchte er, Menschen daran zu hindern, diesem Jesus nachzufolgen, und sorgte dafür, dass sie gefangen genommen und zum Teil sogar getötet wurden.

Doch eines Tages, auf dem Weg von Jerusalem nach Damaskus, begegnete Paulus dem auferstandenen Jesus persönlich. Diese Begegnung veränderte sein Leben zu 100 Prozent. Er hörte auf, die Christen zu verfolgen, und begann selbst, Jesus nachzufolgen.

Zuerst konnten die Christen es gar nicht glauben. „War das nicht der Paulus, der uns zuerst für unseren Glauben verfolgt hat?", fragten sie skeptisch. Doch Paulus ließ sich von ihrer Skepsis nicht unterkriegen. Sein Handeln bewies, dass sich seine Richtung tatsächlich geändert hatte.

Einige Jahre später ging er auf Missionsreisen, gründete Gemeinden und ermutigte die Christen im Glauben. So auch in der Hafenstadt Korinth, einer Stadt voller Leben, Abwechslung und Neugier. Insgesamt blieb Paulus anderthalb Jahre dort und baute die Gemeinde in Korinth maßgeblich mit auf.

Paulus hatte ein echtes Herz für die Menschen. Doch als er die Gemeinde dann wieder verließ und weiterreiste, traten über die Zeit einige Probleme in Korinth auf. Von heftigen Streitigkeiten bis zu krassen moralischen Fehltritten war alles dabei. Als Paulus von der Situation hörte, war er bestürzt. Da er nicht so einfach selbst vorbeikommen konnte, um die Probleme zu lösen, schrieb er einen langen Brief. Abschnitt für Abschnitt sprach er ein Problem nach dem anderen an.

Inzwischen ist sein Brief (wie die ganze Bibel) in Kapitel und Verse gegliedert. Die ersten vier Kapitel drehen sich konkret um die Streitigkeiten in der Gemeinde. Die waren so schlimm, dass sich die Gemeinde bereits zu spalten begann. Auch hier ging es darum, wer den größten Einfluss und die größte Macht hatte – genau wie überall sonst in Korinth.

Nachdem Paulus nämlich die Gemeinde verlassen hatte, übernahmen Apollos und Petrus verstärkt die Leitung in der Gemeinde. Dazu kamen auch noch ein paar andere selbsternannte Leiter, die den Laden ordentlich aufmischen wollten. Das Ergebnis war, dass sich in der Gemeinde richtige Fangemeinden gebildet hatten. Die einen folgten Paulus, die anderen Apollos oder Petrus. Und wieder andere waren begeistert von irgendwelchen No-Name-Leitern. Je nachdem, wer in ihren Augen beliebter war. Die Lage war richtig brisant. In 1. Korinther 3,3-4 schreibt Paulus dazu:

> **Beweist ein solches Verhalten nicht vielmehr, dass ihr euch nach dem richtet, was unter den Menschen üblich ist? Der eine sagt: „Ich bin Anhänger von Paulus!", der andere: „Ich von Apollos!" So reden Menschen, die Gott nicht kennen!**

Die Gemeinde in Korinth hatte ein echtes Problem. Sie bewertete ihre Leiter nach gesellschaftlichen Maßstäben. Sie schaute auf Performance und Leistung. Wer war der Stärkste?

Doch Paulus räumt mit diesem Denken kompromisslos auf. „So reden Menschen, die Gott nicht kennen!", schallen seine Worte förmlich durch den Brief. Das, was in der Gesellschaft normal ist, stellt Paulus komplett auf den Kopf. Er weiß, dass für Gott andere Dinge zählen:

> Seht euch doch einmal in euren eigenen Reihen um, Geschwister: Was für Leute hat Gott sich ausgesucht, als er euch berief? Es sind nicht viele Kluge und Gebildete darunter, wenn man nach menschlichen Maßstäben urteilt, nicht viele Mächtige, nicht viele von vornehmer Herkunft (1. Korinther 1,26).

Heftig! Mit anderen Worten sagte Paulus: <u>Wenn Gott nach den Maßstäben</u> dieser Welt geurteilt hätte, dann <u>wärt ihr</u> überhaupt nicht hier. Zu bedürftig, zu ungebildet, zu schwach! Die Christen, die Paulus in Korinth vorfand, wären alle durchs gesellschaftliche Raster gefallen. Doch im selben Atemzug betont er, dass Gott uns Menschen aus einer völlig anderen Perspektive betrachtet. Oder warum bestand die Gemeinde in Korinth aus Menschen, die von der Gesellschaft eher als schwach eingestuft wurden?

Voller Entschlossenheit führt Paulus weiter aus:

> Was nach dem Urteil der Welt ungebildet ist, das hat Gott erwählt, um die Klugheit der Klugen zunichtezumachen, und **was nach dem Urteil der Welt schwach ist, das hat Gott erwählt, um die Stärke der Starken zunichtezumachen.** Was in dieser Welt unbedeutend und verachtet ist und was bei den Menschen nichts gilt, das hat Gott erwählt, damit ans Licht kommt, wie nichtig das ist, was bei ihnen etwas gilt (1. Korinther 1,27-28; eigene Hervorhebung).

Einfluss. Wissen. Macht. Stärke. All das, was in Korinth so großgeschrieben wurde, schien für Gott nichts zu bedeuten. Einfach nichts! Stattdessen schreibt Paulus von einem Gott, der gerade das Schwache erwählt, um das Starke zunichtezumachen. Krass, oder? Er schreibt von einem Gott, der gerade dem Menschen Bedeutung schenkt, der eigentlich völlig unbedeutend zu sein scheint. Einem Gott, der gerade dem Menschen Achtung schenkt, der gesellschaftlich verachtet ist. Genau diesen einen Gott beschreibt Paulus in seinem Brief an die Gemeinde in Korinth. Einer Gemeinde, die wegen ihres Gerangels um Macht, Einfluss und Stärke große Krisen erlebt. Ist das nicht erstaunlich?

Gott scheint unsere Stärke nicht nach den Maßstäben unserer Gesellschaft zu bewerten. Er tickt anders. Völlig anders.

Wenn man genau hinschaut, erkennt man Gottes Denken über Stärke nicht nur hier bei Paulus, sondern überall in der Bibel. Gerade auch bei Jesus, Gott selbst. Die Evangelien sprechen davon, dass Jesus Gottes Sohn ist. Er sollte der neue machtvolle König der Juden sein. *Der* Messias, der das jüdische Volk aus der Hand der Römer befreien würde. Ziemlich imposant, oder? So weit jedenfalls das landläufige Denken über den *starken* Messias, der kommen sollte. Nun, dann schauen wir uns doch mal an, was Gott selbst unter diesem *starken* Messias verstand. Du wirst erstaunt sein.

Jesus, der große König der Juden, wurde in Betlehem in einem Stall geboren. Nicht weil ein Stall so romantisch gewesen wäre, sondern einfach deshalb, weil die Eltern keine andere Unterkunft gefunden hatten. Die Mama von Jesus war Maria. Eine Jungfrau, der *Verachtung* drohte, weil sie unverheiratet schwanger geworden war. Jesus wuchs in Nazaret auf. Einer Stadt, die wie das gesamte Land Galiläa als eher *unbedeutend* galt. Den Bewohnern sagte man aufgrund ihres Dialekts nach, ziemlich *ungebildet* zu sein.

Und dann zu seinen Jüngern. Sie waren weder Gelehrte noch gehörten sie zu irgendeiner Elite. Ganz im Gegenteil. Es waren *einfache* Leute, manche von ihnen sogar *verrufene* Zolleinnehmer. Echter Abschaum. Auch so verbrachte Jesus einen Großteil seiner Zeit mit *Sündern* und anderen Typen, die von der jüdischen Gesellschaft *abgelehnt* wurden. Wenn er Kritik austeilte, dann häufig nur an die religiöse Elite. *Betrüger, Prostituierte* und *Säufer* waren dagegen seine Freunde.

Das sollte also der versprochene Messias sein. Der starke König der Juden. Und das Beste kommt erst noch. Halt dich fest! Statt die Juden von den Römern zu befreien, wurde er von den Römern verurteilt und am Kreuz hingerichtet. Er starb einen der qualvollsten Tode, die man sich vorstellen kann. In den Augen der jüdischen Lehrer war er *verachtet*. In den Augen der Römer war er ein religiöser Spinner, der in seinen eigenen Reihen *für* ordentlich *Tumult sorgte*. Selbst von seinen eigenen Freunden wurde er *verlassen*. Tiefer konnte man nicht sinken. Er wurde – menschlich betrachtet – der Schwächste.

Warum in aller Welt ließ Jesus das mit sich machen? Er hätte doch einfach dieser starke König sein können, den alle sehen wollten. Schließlich war er doch Gott selbst. Alles stand ihm offen! Ruhm, Ehre und Macht. Warum nur wurde er der Schwächste?

Ich glaube, er wurde der Schwächste, um uns in unserer Schwachheit zu begegnen. Er gab alles auf, wurde einer von uns und starb am Kreuz für dich und mich! Er wurde schwach, um uns auf Augenhöhe sagen zu können: Wir sind geliebt. Eben gerade an unserem Tiefpunkt. In unserer größten Schwachheit. Gerade dann, wenn wir uns eigentlich meilenweit von ihm entfernt fühlen. Er ließ jede Stellung, die er als Gott besaß, hinter sich und starb als Verbrecher. Er ging vom höchsten bis zum tiefsten Punkt hinab. Um uns genau hier, in unserer Schuld und Scham, zu begegnen.

BEGEGNUNG AM TIEFPUNKT

Wie an jenem krassen Abend in meinem Zimmer. Ich hatte wieder versagt. Wieder den Kampf gegen die Pornografie verloren. Eine Welle von Schuldgefühlen überwältigte mich. Ich

**JESUS WURDE
DER SCHWÄCHSTE,
UM UNS IN UNSERER
SCHWACHHEIT
ZU BEGEGNEN.**

saß einfach nur da und konnte es nicht fassen. Mein Blick ging starr geradeaus. Er war leer, resigniert und traurig.

Warum?, schrie ich innerlich. *Warum schaffst du es nicht!?*

Doch dann, während ich mich noch selbst verurteilte, passierte etwas Erstaunliches: Mir kam plötzlich die exakte Angabe einer Bibelstelle in den Kopf. Als hätte Gott selbst sie mir eingegeben. Das Buch. Das Kapitel. Den Vers. Glasklar.

Bis heute habe ich so etwas kein zweites Mal erlebt. Zumal ich, wenn ich so etwas von anderen hörte, grundsätzlich eher skeptisch eingestellt war. Fast immer, wenn Christen mir von solchen Erlebnissen berichteten, fiel es mir schwer, ihnen wirklich Glauben zu schenken. Und nun, völlig unerwartet, hatte ich selbst eine Bibelstelle im Kopf. Verrückt!

Es war ein Vers aus einem Buch im Alten Testament, das ich zu diesem Zeitpunkt noch nie vollständig gelesen hatte. Ehrlich gesagt konnte ich mich nicht mal daran erinnern, jemals in diesem Buch ausführlich gelesen zu haben. Ich kannte von Erzählungen grob die Geschichte, doch das war's.

Etwas perplex stand ich von meinem Schreibtischstuhl auf und holte aus einem Schubfach die Neues-Leben-Bibel. Hastig suchte ich nach dem Buch Hiob. *Erwartest du nicht zu viel von Gott? Hast du dir sein Reden nicht gerade nur eingebildet?,* flüsterte eine zweifelnde Stimme in meinem Kopf. Doch meine Neugier war geweckt. Nach kurzem Suchen entdeckte ich das Buch Hiob. Ich blätterte ein paar Seiten weiter. *Hiob 5.* Mein Zeigefinger fuhr über die dünne Buchseite. *Vers 17.* Da war sie: die Bibelstelle, die mir völlig unerwartet in den Kopf gekommen war.

Aufmerksam las ich die Zeilen. Mein Herz stockte. *Wirklich, Gott?* Dort stand:

> **Wie gut hat es ein Mensch, der von Gott auf den richtigen Weg zurückgebracht wird! Wehre dich also nicht dagegen, wenn der Allmächtige dich erzieht (Hiob 5,17 NLB).**

Ich ließ mich zurück auf meinen Schreibtischstuhl fallen und wurde komplett still. Kannte ich meinen Gott wirklich? Verstand ich seine Liebe auch nur im Geringsten? Da kam mir die Idee, auf YouTube das Lied „Die Liebe selbst" von der Outbreakband abzuspielen. Noch immer sprachlos und tief getroffen lehnte ich mich zurück in meinen Schreibtischstuhl und hörte einfach zu, während ich immer wieder sprachlos den Kopf schüttelte.

Was mir gerade passiert war, war so kurios, dass es mich total überforderte. Ganz unverhofft hatte ich genau das erlebt, was ich bei anderen immer nur mit Skepsis beantwortet hatte: Gott hatte mir eine konkrete Bibelstelle eingegeben. Zu einem Zeitpunkt, an dem ich mich meilenweit von ihm entfernt gefühlt hatte. Dreckig, schuldig und untreu. Und genau in diesem Tiefpunkt sprach Gott auf eine Weise zu mir, wie ich es mir niemals hätte erträumen lassen.

Die Worte aus dem Hiob-Buch gingen direkt in mein Herz. Sie ermutigten mich derart, dass ich den Tränen nah war. „Wie gut hat es ein Mensch, der von Gott auf den richtigen Weg zurückgebracht wird!" Nichts wünschte ich mir in diesem Moment mehr, als von Gott auf seinen Weg zurückgebracht zu werden. Ich wollte diesem ganzen Mist den Rücken kehren.

„Wehre dich also nicht dagegen, wenn der Allmächtige dich erzieht." Dazu war ich bereit. Ich wollte, dass Gott meine Hand nahm, mich leitete und herausführte aus dieser Abhängigkeit.

Der Moment, in dem ich mich meilenweit von Gott entfernt fühlte, wurde zu dem Moment, in dem ich Gott am stärksten bei mir spürte. Ich war unfassbar schwach und hilflos. Am Tiefpunkt meiner Schuldgefühle. Und genau hier sprach Gott durch diesen Bibelvers direkt in mein Herz: „Ich bin da! Ich sehe dich und ich liebe dich in deinem Problem. Verurteile dich nicht, denn ich tue es auch nicht. Ich wurde selbst der Schwächste und bin am Kreuz für dich gestorben."

Mein Tiefpunkt wurde zu seinem Wendepunkt.

Rückblickend erkenne ich, dass es weniger um meine Abhängigkeit als vielmehr um die grundsätzliche Botschaft des Evangeliums ging. Ich zweifelte daran, dass Gott mich wirklich in meinem Versagen liebte. Ich zweifelte daran, dass ich vor Gott in meinem Tiefpunkt wirklich liebenswürdig war. Doch genau hier, in meinen Zweifeln, machte das Evangelium aus meinem Tiefpunkt einen Wendepunkt und ich spürte: Ich bin geliebt, gerade in meiner Schwachheit. Ich bin liebenswürdig, weil ich einfach nur *bin*. Nicht weil ich etwas richtig oder falsch gemacht habe. Nein, sondern einfach deshalb, weil ich Gottes Geschöpf *bin*.

Doch selbst nach diesem spektakulären Moment mit Gott in meinem Zimmer blieb mein Weg aus der Abhängigkeit ein Prozess. Es gab weitere Rückschläge, in denen ich versagte. Doch die Abstände wurden immer größer und meine Zweifel an Gottes Liebe kleiner. Gute Freunde motivierten mich, kämpften mit mir Seite an Seite und bauten mich immer wieder auf. Schließlich gab mir meine Freundin Nina (meine heutige Frau) die letzte innere Motivation, wirklich Nein zu alledem zu sagen.

Es war kein einfacher Weg. Es war vielmehr ein Prozess, für den es sich lohnte zu kämpfen. Heute weiß ich, bei all den Zweifeln, die ich hatte: Gott war immer bei mir gewesen.

AUF DEM WEG ZU WAHRER STÄRKE

Ich habe dir meine persönliche Geschichte erzählt, um dir zu zeigen, wie sehr ich in meinem Denken gefangen war. Ich wollte stark sein. Dabei ahnte ich nicht, welch großer Illusion von Stärke ich nachjagte. Den Großteil meines Lebens dachte ich, Stärke sei die Abwesenheit von Schwäche. Es ist genau diese Art von Stärke, die auch unsere Social-Media-Generation propagiert. Wir präsentieren online ein Leben, das offline nur sel-

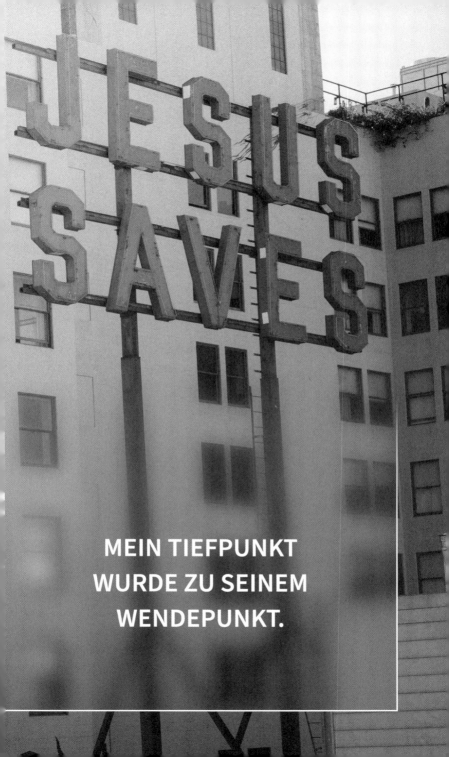

ten existiert. Ein Leben voller Stärke. Ohne Schwachheit. Ohne Zweifel. Selfie hier. Selfie dort. Der Filter muss nur stimmen.

Doch ich frage mich, ob das wirklich Stärke ist. Ist es nicht eher die Angst, nicht auszureichen? Kann es sein, dass wahre Stärke vielmehr das bewusste Zeigen von Schwäche bedeutet?

Ich glaube, wir alle werden früher oder später mit unserer Schwachheit konfrontiert. Jeder von uns hat seine individuelle Geschichte. Und das ist gut so. Doch wir alle müssen uns die Frage stellen, wie wir mit dieser Schwachheit umgehen. Und ich glaube, genau an diesen Tiefpunkten unserer Schwäche liegt der Ursprung für wahre Stärke. Denn am Ende haben wir zwei Möglichkeiten in unserer Schwachheit: Die erste Möglichkeit ist, unsere Schwäche zu verstecken, eine Maske aufzusetzen und einen maskierten Gewinner zu präsentieren. Die zweite Möglichkeit dagegen ist, in unserem Tiefpunkt Gottes Liebe anzunehmen, uns in unserer Schwachheit geliebt zu wissen, die Maske abzulegen und Verletzlichkeit zu zeigen.

Vielleicht magst du anderer Meinung sein, doch ich bin davon überzeugt, dass unsere Maske im Kern unsere Angst widerspiegelt. Die Angst, als Mensch nicht genug und ungeliebt zu sein. Deshalb liegt für mich die größte Freiheit und Stärke in der Botschaft von Jesus, dass wir selbst in unserer tiefsten Schwäche unendlich geliebt sind. Unabhängig von unserer Leistung. Sondern einfach nur deshalb, weil wir *sind*. Diese Botschaft nennt die Bibel Evangelium – auf Deutsch: Gute Nachricht. Es ist die Nachricht, die mein Leben als „kleiner Junge" wirklich verändert hat. Doch es war ein Prozess.

BAM-Festival, Sommer 2017. Die Worte der Workshop-Teilnehmerin auf dem BAM-Festival zu STAYONFIRE trafen mich sehr. Sie konfrontierten mein persönliches Streben danach, jeden zu beeindrucken. Mit anderen Worten trafen sie meinen Perfektionismus.

Doch nicht nur das. Kurz nachdem die Teilnehmerin mir ihr Feedback gegeben hatte, erinnerte ich mich auch an meine Herausforderung mit der Pornografie zurück. Wie einsam ich mich anfangs gefühlt hatte. Dass ich gedacht hatte, unter Christen mit diesem Problem allein zu sein. Wie sehr hätte ich es mir als Teenager gewünscht, dass jemand offen und ehrlich über diese Herausforderung spricht.

Und nun saß ich da, auf dem BAM-Festival, und hörte Worte, die auch ich damals in meiner Herausforderung zu all den scheinbar „durchgeheiligten" Christen um mich hätte sagen können. „Es wirkt, als würde bei dir alles so perfekt laufen. Du strahlst immer, redest von großartigen Glaubensgeschichten und alles scheint zu passen. Wenn ich dann in mein eigenes Glaubensleben schaue, bin ich frustriert. Bei mir laufen so viele Dinge alles andere als perfekt."

Selbst wenn mich die Worte der Teilnehmerin zuerst etwas überforderten und ich nicht recht wusste, was ich antworten sollte, veränderten sie auf lange Sicht mein Denken über Perfektion, Stärke und Schwäche. Gott schickte mich auf eine spannende Reise, von der ich dir auf den letzten Seiten einiges berichtet habe. Eine Reise, auf der ich mich selbst besser verstehen lernte. Gott zeigte mir, weshalb ich versuchte, jeden zu beeindrucken. Er führte mich zurück in meine Kindheit, in meine Herausforderung, zu meiner tiefsten Schwäche und sagte mir in alldem: Du bist geliebt. Genau das führte mich zu der Stärke, nach der ich mich immer sehnte. Eine Stärke, die Schwäche zeigt.

Liebe Workshop-Teilnehmerin, ich weiß nicht, ob du das liest, doch ich möchte dir Danke sagen. Deine Worte haben neben anderen Erlebnissen einen unglaublich wertvollen Prozess in mir angestoßen. Einen Prozess, der mich dahin geführt hat, mehr Schwäche und Verletzlichkeit zu zeigen.

Mittlerweile predige ich offen über meine Geschichte mit Pornografie, um Menschen die Möglichkeit zu geben, Masken abzulegen. Ich rede transparent von meinem Problem mit Perfektionismus. Ich spreche von meinem inneren verletzten Kind, das um jeden Preis Menschen beeindrucken will. Ich schreibe

Zeilen wie diese, um Menschen zu sagen, dass sie geliebt sind. So, wie sie sind. Ja, ich schreibe von meiner Geschichte. Von meiner Schwachheit. Von meiner Stärke. Von dem einen Gott der Bibel, der mich liebt, weil ich einfach nur *bin*.

Ach so, ja, und ich bekenne, dass ich wahrscheinlich mein ganzes Leben lang brauchen werde, um das alles wirklich immer besser zu verstehen. *#prozessvormoment*

KEYPOINTS

1. Gott bewertet unsere Stärke nicht nach den Maßstäben unserer Gesellschaft. Er hat das, was vermeintlich schwach ist, stark gemacht, um die Stärke der Starken zunichtezumachen (vgl. 1. Korinther 1,27).

2. Am Tiefpunkt unserer Schwachheit haben wir zwei Möglichkeiten: unsere Schwäche zu verstecken, eine Maske aufzusetzen und einen maskierten Gewinner zu präsentieren. Oder: in unserem Tiefpunkt Gottes Liebe anzunehmen, uns in unserer Schwachheit geliebt zu wissen, die Maske abzulegen und Verletzlichkeit zu zeigen.

3. Wahre Stärke bedeutet nicht die Abwesenheit von Schwäche, sondern vielmehr das bewusste Zeigen von Schwäche.

4. Die größte Freiheit und Stärke liegt in der Botschaft, dass wir selbst in unserer tiefsten Schwäche unendlich geliebt sind. Unabhängig von unserer Leistung. Sondern einfach nur deshalb, weil wir sind.

KAPITEL 5

DANKBARKEIT ÜBERWINDET TRAURIGKEIT

WENN ALLES ZU VIEL WIRD

Oktober 2017. Die warmen Sommernächte hatten sich bereits verabschiedet. Die Tage wurden kürzer, die Nächte länger. Der Herbst stand vor der Tür. Die kühle und raue Luft fing langsam an, richtig um sich zu greifen. Nebel und Regen trübten die Stimmung. Die nächtliche Dunkelheit klopfte mittlerweile schon zum frühen Abend an die Tür. Der Jahreszeitenwechsel ging spürbar vonstatten.

Doch nicht nur in der Natur. Auch in meinem Herzen begann die Stimmung deutlich umzuschlagen. Ich war extrem erschöpft, aufgewühlt und unruhig. Die vielen Predigtdienste, das Studium, meine Mitarbeit in der Gemeinde, die Aufgaben bei STAYONFIRE, meine Beziehung zu Nina, das ständige Pendeln und der krasse Schlafmangel brachten mich an die Grenzen meiner Kraft.

Ich liebte es zu predigen, die Bibel zu studieren, in der Gemeinde mitzuarbeiten und die Arbeit von STAYONFIRE voranzutreiben. Ganz zu schweigen von meiner unbeschreiblichen Liebe zu Nina. Und dennoch übernahm ich mich in alldem.

Dabei waren es nicht die äußeren Aufgaben, die mir den Atem raubten. Es war vielmehr diese innere Unruhe, die scheinbar unaufhörlich zunahm. Ich hatte das Gefühl, meinem Leben ständig hinterherzurennen.

Vielleicht kennst du dieses Phänomen auch. Man kommt nach Hause und muss direkt wieder los. Aus Zeitmangel lässt man alles stehen und liegen. Dieser Vorgang wiederholt sich so lange, bis sich eine krasse Unordnung eingeschlichen hat. Irgendwann fühlt man sich selbst zu Hause nicht mehr wohl. Dasselbe kann auch mit unserem Herzen passieren. Nur mit dem Unterschied, dass wir diese Unordnung nicht mal schnell an einem freien Samstagvormittag weggeschafft bekommen. Das Chaos liegt tiefer und hat weitaus größere Konsequenzen.

In dieser Zeit war ich innerlich vollkommen hin- und hergerissen. Mittlerweile pendelte ich zwischen drei Orten: Wiesbaden – meiner Gemeinde, Bad Kreuznach – meiner Beziehung und Darmstadt – meinem Theologiestudium. Für jeden der Orte empfand ich eine tiefe Leidenschaft und Verantwortung. Obwohl ich in Darmstadt auf dem Campus meiner Schule wohnte, schaffte ich es nicht mehr, dort wirklich anzukommen. Während ich im Unterricht saß, war ich im Kopf schon wieder auf dem Weg zum nächsten Termin.

Mir lag die Gemeindearbeit sehr am Herzen, sodass ich anfangs das Studium hintanstellte. Mit der Beziehung zu Nina hatten sich die Dinge nochmals neu sortiert. Plötzlich hatte ich das Gefühl, meiner Gemeinde nicht mehr gerecht zu werden. Ich wollte unserer frischen Beziehung die größte Aufmerksamkeit schenken. Doch am Ende fühlte es sich an, als wäre ich nirgendwo so richtig präsent. Weder bei Nina noch in der Gemeinde, ganz zu schweigen vom theologischen Unterricht. Ein schreckliches Gefühl!

Wenn ich mir dann mal ein Wochenende hätte freihalten können, tuckerte ich stattdessen oft quer durch Deutschland, um einen Predigtdienst wahrzunehmen. Schließlich hatte ich ja mit voller Begeisterung zugesagt. Die große Erschöpfung kam dann meistens erst nach der Tour. Anfangs machte ich noch Späße darüber. Dabei merkte ich gar nicht, wie etwas anfing, in mir kaputtzugehen.

STAYONFIRE erlebte zu dieser Zeit einen echten Aufschwung. Auf Facebook folgten uns mittlerweile rund 19 000 Menschen. Und das, obwohl hinter den Kulissen vieles völlig chaotisch ablief. So richtig zufrieden war ich nicht. Mein Tag war so vollgepackt, dass meist nur noch die kleinen Lücken für STAYONFIRE übrig blieben. Ich sehnte mich nach Ordnung und Struktur. Beides war irgendwie nur schwer zu finden.

Dazu musste ich bis zu den Weihnachtsferien eine große Jahresarbeit für mein Studium abgeben: die umfassende Auslegung einer vorgegebenen Bibelstelle. Schon der Gedanke an diese Arbeit bereitete mir Bauchschmerzen. Wissenschaftliche Ausarbeitungen waren noch nie wirklich mein Ding gewesen. Jedenfalls dann nicht, wenn ich sie schreiben sollte. Mit jeder geschriebenen Seite wuchs mein Gefühl, absolut oberflächlich unterwegs zu sein. Selbst die dicken Bücher schlauer Theologen ließen mich ahnungslos dastehen. Ohne Witz, genau so fühlte ich mich! Doch ich wusste, mein Selbstmitleid würde mich auch nicht ans Ziel bringen. Ich musste mich irgendwie durchbeißen. Was feststand, war, dass das anstehende Semester ziemlich stressig werden würde.

Neben dem Stress im Studium war ich durch das Pendeln finanziell in ziemliche Schwierigkeiten geraten. Die Spritkosten hatten mein Konto wortwörtlich geerdet. Dadurch konnte ich meine Studiengebühren nicht mehr bezahlen. Ach so, und dann sollte da ja noch dieser eine Tag im Oktober kommen, an dem ich Nina eine besondere Frage stellen wollte. Eine Frage, die mich in der Vorbereitung auch etwas kosten sollte.

Das Chaos meiner To-dos breitete sich also schließlich auch auf mein Bankkonto aus. Grundsätzlich hatte ich immer versucht, mit meinem Geld so umzugehen, dass ich keine Schulden machte. Weder bei meiner Schule noch bei sonst jemandem. Ich wollte gewissenhaft und verantwortungsvoll mit meinem Geld wirtschaften. Doch nun verlor ich auch in diesem Punkt mehr oder weniger die Kontrolle. Meine Sorgen wurden immer größer. Wie würde ich aus diesen Schulden wieder rauskommen?

Obwohl es schwierig war, versuchte ich weiter, regelmäßig Zeit mit Gott zu verbringen. Ich wusste, wie gut es mir tat, mein Herz bei ihm auszuschütten. Ihm zu begegnen und meinen Fokus auszurichten. Doch immer wieder kämpfte ich damit, abzuschweifen. Die chaotischen Umstände machten es mir unheimlich schwer, einen festen Rhythmus zu finden. Mein Innerstes fühlte sich an wie die anfangs beschriebene Wohnung: Aus lauter Geschäftigkeit hatte sich eine tief greifende Unordnung eingeschlichen.

Ich erinnere mich an einen Abend, an dem ich versuchte, Nina meine Situation zu erklären: „Überall, wohin ich in meinem Leben schaue, sehe ich Unordnung. Ich habe das Gefühl, nichts mehr richtig machen zu können. Wenn ich dann mal Zeit habe fürs Studium, die Gemeinde oder STAYONFIRE, bin ich zu erschöpft, um wirklich etwas zu schaffen. Dazu kommen die ganzen Sorgen, was ich mit meinen Schulden machen soll. Ich habe das Gefühl, dass ich innerlich nicht mehr zur Ruhe komme. Nicht mal im Schlaf."

Das Gefühl, von zu vielen Aufgaben müde zu sein, kannte ich. Doch dieses Gefühl völliger Unruhe und Erschöpfung war neu für mich. Es beängstigte mich regelrecht. Immer häufiger erlebte ich Momente, in denen meine Erschöpfung in ein bedrohliches Gefühl von Einsamkeit und Traurigkeit umschlug. Wie eine Welle kam es über mich. Unerwartet. Überraschend.

So auch an einem dunklen Oktoberabend nach der Geburtstagsfeier eines guten Freundes. Ich verabschiedete mich an diesem Abend etwas früher. Die Party war noch in vollem Gange.

DAS GEFÜHL INNERER TRAURIGKEIT

Ich schließe die Wohnungstür meines Freundes hinter mir. Das Licht im Treppenhaus lasse ich aus. Durch die geschlossene Wohnungstür schallt immer noch lautstark das Lachen fröhlicher Menschen. Für mich ist es gerade einfach zu viel. Die Party ist sicher mega, doch meine Stimmung ist mal wieder im Sinkflug. Die ganzen Menschen, die vielen Gespräche und Fragen. Etwas in mir ist dankbar, nach Hause fahren zu können. Von hier ist es nicht weit bis zu meinem Campus. Mit dem Auto vielleicht 15 Minuten.

Ich laufe die Treppe im dunklen Treppenhaus hinunter. Die Wohnung liegt im Hochparterre, weshalb es nur ein paar Stufen bis zur Haustür sind. Ich greife nach der Türklinke, ziehe sie auf und trete ins Freie. Eine kühle Oktoberbrise weht mir ins Gesicht. Es ist bereits ziemlich finster geworden. Ein paar Laternen erhellen die Dunkelheit. Autos zischen auf der nahe liegenden Hauptstraße entlang. Die Haustür fällt hinter mir ins Schloss.

Plötzlich spüre ich, wie mein ganzer Körper von etwas Schwerem erfüllt wird. Meine Schritte werden kleiner. Ich fühle mich umgeben von etwas Unbekanntem. Überfallen. Gefangen. Einem Gefühl von Einsamkeit und tiefer Traurigkeit. Meine Arme hängen leblos an meinem Körper hinunter. Ich merke, wie sich Daumen und Zeigefinger berühren und unsicher aneinanderreiben. Wie ein ängstliches Kind, das auf dem Schulhof hilflos seinen größeren Mitschülern ausgeliefert ist.

Überfordert versuche ich nachzuvollziehen, was mit mir passiert. Vor wenigen Minuten war ich noch in Gesellschaft toller Menschen. Doch nun fühle ich mich meilenweit von ihnen entfernt. Allein. Verlassen. Obwohl ich die Stimmen meiner Freunde durch das angekippte Fenster noch höre. Ich bekomme Angst. „Was sind das für Gefühle?", frage ich mich besorgt. „Ich kenne sie nicht."

Etwas beklommen laufe ich weiter Richtung Parkplatz. Instinktiv fange ich an zu beten. Auch wenn ich Gott nicht spüre, empfinde ich eine Sicherheit, dass er da ist. Am Auto angekommen, öffne ich die Tür, steige ein und schließe mein Smartphone an die Audioanlage an. Dann öffne ich *unsere* Playlist und spiele sie ab. Ich lehne mich zurück und verschränke die Arme. Das Auto ist ordentlich durchgekühlt. Mit den melodischen Liedern füllen sich meine Gedanken mit schönen Erinnerungen.

Der Ursprung dieser Playlist geht auf den Tag zurück, an dem Nina und ich zusammenkamen. Seitdem haben wir sie immer wieder ergänzt und erweitert. Es ist wirklich *unsere* Playlist. Nach und nach schaffe ich es, meine negativen Gedanken auf etwas Schönes zu lenken. Ich gewinne Kontrolle zurück. Obwohl die bedrückenden Gefühle dableiben, beginne ich, sie in den Griff zu bekommen. Jedenfalls für den Moment. Berührt von zahlreichen Erinnerungen, die mich inzwischen mit Nina verbinden, nehme ich ihr eine Sprachnachricht auf. Dann fahre ich nach Hause. Währenddessen lausche ich weiter der schönen Musik.

Meine Freundin ist zu diesem Zeitpunkt in Leipzig bei einem Familientrip. Ein paar Hundert Kilometer entfernt. Sie weiß, dass es mir besonders in den letzten Tagen nicht so gut gegangen ist. Nina gibt ihr Bestes, für mich da zu sein. Ihre Liebe ist in meinen Augen einfach unbeschreiblich. Mir tut es jedoch leid, dass sie während ihres Familientrips meinetwegen nicht wirklich abschalten kann. Immer behält sie die Sorge im Hinterkopf, wie es mir wohl gerade geht. Vielleicht erzähle ich ihr deshalb in der Nachricht auch nur vom schönen Moment im Auto. Von der beklemmenden Angst berichte ich ihr erst später.

Der ein oder andere mag in diesem Erlebnis vielleicht einen „geistlichen Angriff" erkennen. Und vielleicht war es in diesem Moment wirklich so. Doch in erster Linie war dieses Erlebnis für mich der i-Punkt auf einem viel tieferen Problem. Und dieses Problem war ganz natürlichen Ursprungs: Ich hatte mich in fast jedem Bereich meines Lebens übernommen. Ich war überfordert, aufgewühlt und unfassbar empfindlich. Kleinigkeiten zogen mich emotional völlig runter. Mein Alltag war geprägt von Gefühlsschwankungen ungesunder Art. Und ehrlich gesagt, wurde es eher schlimmer, als dass es besser wurde. Ich fühlte mich orientierungslos und manchmal endlos traurig.

UMGEBEN VON NEBEL

Lange habe ich nach den passenden Worten gesucht, um Nina zu beschreiben, wie es mir wirklich ging. Manchmal habe ich mir auch bewusst Zeit genommen, um meine Gefühle aufzuschreiben. Ich wollte ihr die Chance geben, mich zu verstehen. Doch dazu musste ich mich erst einmal selbst verstehen. Weshalb fühlte ich mich so, wie ich mich fühlte? Worin lag der Ursprung meiner Erschöpfung? Was forderte mich so sehr heraus? Was würde mir helfen, die Situation zu verbessern? Wie könnte ich in alldem an Gott dranbleiben und es ihm *einfach* abgeben?

„Einfach" war ein gutes Stichwort. Schließlich war das „einfache Abgeben" oft eine der Kernaussagen in meinen Predigten. Nun konnte ich selbst mal erleben, wie *„einfach"* es tatsächlich war. Abgeben bedeutet loslassen. Loslassen bedeutet Vertrauen. Und Vertrauen ist alles andere als einfach. Gerade dann nicht, wenn man sich orientierungslos fühlt. Wenn man umgeben ist von Nebel und weder nach vorn noch zurückschauen kann.

Denn genau so nahm ich meine Situation war. Alles schien so undeutlich und unklar zu sein. Wenn ich versuchte, die Situation mit Abstand zu betrachten, sah ich nicht mal ein Problem, das unlösbar schien. Und dennoch stand ich dort, umgeben von Nebel, und fühlte mich verloren. Ich konnte weder genau erklären, warum ich mich fühlte, wie ich mich fühlte. Noch konnte ich den Weg vor mir erkennen, den ich gehen sollte. Ganz zu schweigen von der Kraft, die ich gebraucht hätte, um diesen Weg zu gehen. Vielmehr fühlte ich mich wie fremdgesteuert. Machtlos. Meinen negativen Gefühlen ausgesetzt.

Immer mehr Leute kamen auf mich zu und fragten, was mit mir los sei. Sie würden in meinem Gesicht erkennen, dass ich traurig und erschöpft sei. „Deine Ausstrahlung hat sich verändert. Da fehlt die Freude in deinem Gesicht", sagte mir jemand in dieser Zeit. Die Worte trafen mich. Ehrlich gesagt machten sie mir Angst. War ich etwa auf dem Weg in eine Depression? Wo war meine Freude am Leben geblieben?

Ich zog mich innerlich immer weiter zurück. In den Gottesdiensten an meiner Bibelschule nervten mich die Menschen, die übermotiviert dem Lobpreis oder der Predigt folgten. Ich merkte, wie kühl und emotionslos ich manchmal war und keine Lust auf Gespräche hatte. Darüber erschrak ich selbst. In Sachen Studium und Gemeinde nahm meine Gleichgültigkeit immer weiter zu. Ich funktionierte nur noch.

So konnte es nicht weitergehen. Innerlich würde ich immer weiter kaputtgehen. Mein Herz sehnte sich nach dem Gefühl anzukommen, nach Ruhe und tiefer Freude. Doch wie konnte mein nächster Schritt aussehen?

Natürlich versuchte ich, Aufgaben abzugeben und kürzerzutreten. Termine abzusagen und keine neuen Predigtdienste anzunehmen. Gleichzeitig konnte ich mich aber auch nicht aus jedem Verantwortungsbereich rausziehen. Ich hatte mich doch zuvor verbindlich dafür entschieden. Also wollte ich meine Aufgaben und Pflichten auch wahrnehmen. Ob im Studium, in der Gemeinde oder bei STAYONFIRE. Mich beruhigte der Gedanke daran, dass es vielleicht nur eine schwierige Phase war. Nach meinem Studium würde alles entspannter werden, dachte ich mir. Ich würde mit Nina in der Nähe meiner zukünftigen Gemeinde wohnen, bräuchte nicht mehr so viel hin- und herfahren und hätte hoffentlich einen guten

Studienabschluss in der Tasche. Dieser Zukunftsgedanke machte mir Hoffnung.

Doch die Zukunft war noch in weiter Ferne. Was würde jetzt sein? Wie konnte ich mein Ziel erreichen, ohne am Ende völlig kaputt zu sein? Ich wusste, dass ich an den Umständen aktuell nur wenig ändern konnte. Also musste ich etwas *in mir* ändern. Einen Schritt dorthin setzen, wo ich selbst im Nebel vor meinen Füßen noch ein Stückchen Weg erkennen konnte.

WENN DANKBARKEIT AN RAUM GEWINNT

In dieser Zeit motivierte mich Nina dazu, regelmäßig Dinge aufzuschreiben, für die ich Gott dankbar sein konnte. Auch wenn ich den Glauben daran verloren hatte, dass Dank und Lob gegenüber Gott meinem Herzen wirklich neue Freude schenken konnten, folgte ich ihrem Rat.

Anfangs fiel mir das unglaublich schwer. Meine eigenen Aufzählungen ließen mich irgendwie kalt. Sie blieben vor verschlossener Tür stehen und erreichten mein Herz nicht. Es fühlte sich an wie eine stumpfe Übung.

Doch irgendetwas in mir bewegte mich dazu, dranzubleiben. Also entschied ich mich, meine Dankbarkeitslisten weiterzuführen. Schließlich schrieb ich fast jeden Abend einige Dinge auf, für die ich Gott dankbar sein konnte. Das Erstaunliche war, dass mir selbst bei trauriger Stimmung unzählige Dinge einfielen, die meine Dankbarkeit verdienten. Selbst die unterschiedlichen Verantwortungen, die mich aktuell so herausforderten, waren ein Grund zum Danken. Das Studium. Die Gemeinde. STAYONFIRE. Das Pendeln zu meiner Freundin. Selbst die Schulden. Sie forderten mich heraus, in dieser Krisensituation auf Gott zu vertrauen.

Staunend beobachtete ich, wie Dankbarkeit inmitten all der Erschöpfung, Traurigkeit, Sorge und inneren Einsamkeit für mich immer mehr an Bedeutung gewann. Niemand konnte sie mir nehmen. Nicht mal meine eigene Schwermut oder Übermüdung. Heute weiß ich, dass Dankbarkeit in dieser Zeit ein echter Schatz für mich war. Sie erlaubte es mir, einen neuen Fokus zu bekommen. Er entschied darüber, wie ich die Dinge wahrnahm.

So wuchs meine Dankbarkeit für die großen und kleinen Dinge in meinem Leben: Ich durfte mein Lieblingsbuch studieren, in einer großartigen Gemeinde mitarbeiten, eine christliche Onlineplattform aufbauen und ich besaß sogar ein Auto, um meine Freundin öfter sehen zu können.

Je mehr Dinge ich aufschrieb, für die ich dankbar war, desto mehr Dinge entdeckte ich, für die ich dankbar sein konnte. Dadurch verbesserte sich nicht zwangsläufig meine Stimmung. Leider. Doch meine Wahrnehmung veränderte sich. Dankbarkeit half mir, Gottes Wirken in meinem Alltag zu entdecken. Und das gab mir die Kraft, wieder einen neuen Schritt zu gehen.

Ich weiß noch, wie ich zu dieser Zeit einen Blogbeitrag über meine Gedanken veröffentlichte. Ich versuchte, ehrlich von dem zu schreiben, was mich bewegte:

> Nicht selten sehe ich die Zukunft unklar. Da sind Nebel, Unsicherheit und häufig auch die fehlende Kraft, einen nächsten Schritt zu gehen. So auch in den vergangenen Wochen. Doch in den letzten Tagen schenkte mir Gott durch verschiedene Momente eine unfassbare Ermutigung: Selbst wenn du im Nebel nur einen Schritt weit sehen kannst, kannst du ihn gehen, um danach einen neuen zu sehen. Es geht nicht darum, heute anzukommen, sondern heute einen kleinen Schritt in die richtige Richtung zu gehen. Es geht um Vertrauen. Es geht darum, nicht aufzugeben, sondern weiterzugehen. Immer weiter. Heute stärker als gestern. Mit jedem Schritt im

**DANKBARKEIT
HALF MIR,
GOTTES WIRKEN
IN MEINEM ALLTAG
ZU ENTDECKEN.**

> Vertrauen wirst du mehr sehen. Das hat Nebel so an sich. <u>Nur wer weitergeht, wird weitersehen.</u> [...] Für mich war der nächste Schritt, <u>dankbar</u> zu sein.
> (Blogbeitrag: Warum der nächste Schritt ausreicht, Donnerstag, 30.11.2017)

Ich hatte unzählige Gründe, Gott dankbar zu sein. Ein ganz besonderer war: Nina war mittlerweile nicht mehr nur meine Freundin, sie war auch meine Verlobte. Sie hatte *Ja* gesagt! Was für ein Gefühl! Es erfüllte mich mit so tiefer Dankbarkeit.

Daneben gab es weitere Momente, in denen ich Gottes Liebe deutlich erkennen durfte. Gerade auch in der Woche, als ich diesen Blogbeitrag schrieb. Er schenkte mir wirklich „eine unfassbare Ermutigung":

Wie ich bereits geahnt hatte, hatte sich die finanzielle Situation insbesondere auf meinem Studienkonto nicht verbessert. Mittlerweile stand ich sogar bei meiner Schule mit über 1000 Euro in der Kreide. Das mag für den ein oder anderen keine allzu große Summe sein. Für mich als Student, der von BAföG lebte, war dieser Schuldenberg allerdings wirklich bedrohlich. Am Dienstag, den 28. November 2017, kam einer meiner Dozenten nach der Mittagspause auf mich zu. Er war u. a. für die Darlehnsanträge der Studenten zuständig. „Weißt du, dass du aktuell mit 1000 Euro im Soll stehst?" „Ja, das weiß ich", gab ich etwas beschämt zurück. „Bitte komm morgen in der Kaffeepause zum hinteren Tisch in der Mensa. Dort besprechen wir, wie es weitergehen kann. Es werden auch andere Studenten dabei sein, die in einer ähnlichen Situation stecken", fuhr er ohne Anklage fort. Ich nickte. „Okay, ich werde da sein." Dann verabschiedeten wir uns. Die ganze Situation war für mich sehr unangenehm.

Am Abend desselben Tages kam eine Mitstudentin auf mich zu. Sie wusste von meinen finanziellen Schwierigkeiten, wollte mir aber nicht verraten, woher. Von dem Dozenten sicher nicht. Dessen war ich mir sicher. Aber ich bohrte nicht nach, denn viel mehr interessierte mich ihr eigentliches Anliegen. Also fragte ich sie, weshalb sie mich so direkt auf meine Studienschulden ansprach. Ohne zu zögern gab sie zurück, dass sie Kontakt zu einer christlichen Stiftung hätte, die eventuell meine Schulden von 1000 Euro übernehmen würde. Ich war völlig sprachlos und fragte, ob sie das ernst meine, worauf sie nur sagte, dass ich zuerst ein entsprechendes Formular ausfüllen müsse. „Dann sollte es aber klargehen. Ich habe den Verantwortlichen dort gesagt, dass es sich nur um diese einmalige Situation handelt", fügte sie hinzu.

Ich konnte das alles überhaupt nicht fassen. *Das kann ich doch jetzt nicht annehmen!,* schoss es mir durch den Kopf. Schließlich war ich selbst dafür verantwortlich, 1000 Euro in den Miesen zu sein. Also musste ich auch dafür aufkommen. Die Mitstudentin spürte meine Unsicherheit. „Das ist wirklich okay. Gott versorgt dich!", sagte sie überzeugt. Konnte das wirklich wahr sein?

Während ich am nächsten Morgen im Unterrichtssaal das Formular ausfüllte, kam ich mit meinem Tischnachbarn ins Gespräch. Er war ein guter Freund der Studentin, die mir am Vortag den Kontakt zur Stiftung verschafft hatte. „Ich habe gehört, dir geht es finanziell gerade nicht so gut? Stimmt das?", fragte er mich. In diesem Moment störte es mich nicht, dass er offenbar auch Bescheid wusste. „Ja, ist gerade eng, aber da entwickelt sich etwas", erwiderte ich zögernd. „Meine Frau und ich würden dich auch gern mit 50 Euro monatlich unterstützen", erwiderte er mit einem Lächeln. *Was ist denn jetzt los?!,* dachte ich, bevor ich zur Antwort ansetzte: „Was? Nein, das braucht ihr wirklich nicht!", gab ich klar und deutlich zurück. „Doch, wir wollen das machen. Wir erleben gerade selbst Gottes Versorgung und wollen das weitergeben. Kannst du mir deine IBAN geben?" Ich schaute ihn völlig perplex an. „Ernsthaft?" „Ja, ernsthaft." „O Mann, du kannst dir gar nicht vorstellen, wie dankbar ich euch und Gott bin. Was hier gerade passiert, ist wirklich nicht normal!"

Noch völlig von den Socken, schickte ich ihm später meine

IBAN und der anderen Studentin das fertig ausgefüllte Formular per Mail.

Um 10:40 Uhr ging ich in die Kaffeepause zu dem vereinbarten Gespräch mit den anderen Studenten. Dort erzählte uns der Dozent von einer Partnerschaft, die unsere Schule mit einer Gemeinde in den USA pflegte. Dieser Gemeinde war es auf dem Herzen, Studenten in finanziellen Engpässen zu unterstützen. In dem Fall uns. Jetzt sah mich der Dozent direkt an: „Die Gemeinde würde die Hälfte deiner Schulden übernehmen. Also 500 Euro", eröffnete er mir. Freudestrahlend sah ich ihm in die Augen. „Wirklich?", fragte ich fassungslos. „Ja, wirklich. Wir haben euch als Studenten ausgesucht und wissen, dass ihr das Geld gut gebrauchen könnt."

Ich suchte nach Worten, um meinen Dank auszudrücken. Seit dem Vortag hatte ich gefühlt nichts anderes gemacht, als Gott immer wieder Danke zu sagen. War das alles möglich? In weniger als 24 Stunden hatte sich meine finanzielle Situation komplett geändert. Heftig!

Nach dieser unvergesslichen Kaffeepause setzte ich mich wieder an meinen Laptop im Klassenraum. Während der Unterricht weiterging, tobte in mir eine gigantische Freude. Ich konnte es einfach nicht fassen. Ich ahnte nicht, dass das Spektakel noch gar nicht vorbei war: Kurz vor der Mittagspause tauchte plötzlich rechts unten auf meinem Bildschirm eine Benachrichtigung auf. Ich hatte eine neue Mail bekommen. Neugierig klickte ich mit meiner Maus darauf. Das E-Mail-Programm öffnete sich. Die Nachricht war von der besagten Stiftung. Der Absender hatte die Mail an meine Mitstudenten gesendet, mich in cc. Voller Staunen las ich:

Hallo, ihr beiden,
ich habe Thaddäus gerade 1000 Euro überwiesen und bitte nach Eingang um Bestätigung mit dem angehängten Schreiben.
Gruß

So langsam wurde mir ein bisschen mulmig. Ich würde doch von meiner Schule eine großzügige Unterstützung empfangen, obwohl ich nun bereits komplett schuldenfrei war. War das nicht unfair? Hätte ich vielleicht gleich in der Kaffeepause etwas sagen sollen? Aber da war ich mir noch nicht hundertprozentig sicher gewesen, ob das mit der Stiftung auch wirklich klappen würde. Außerdem war alles so schnell gegangen, dass ich einfach nicht hinterherkam. Die Dinge passierten irgendwie wie von selbst. Und das alles innerhalb von 24 Stunden. Ich hatte weder meiner Mitstudentin von meinen Schulden erzählt noch hatte ich geahnt, dass mich eine Gemeinde in den USA unterstützen würde. Ganz zu schweigen vom Dauerauftrag, den das junge Ehepaar für mich einrichten wollte.

Was Gott hier gerade arrangierte, kam mir ziemlich surreal vor. Und dennoch nagte mein schlechtes Gewissen an mir. Ich wollte die Großzügigkeit anderer Menschen nicht ausnutzen. Also ging ich am Nachmittag ins Büro des besagten Dozenten. Ich erzählte ihm von meinen letzten 24 Stunden und davon, dass ich inzwischen schuldenfrei war. Seine Antwort kam ohne Zögern: „Wir haben uns dazu entschieden, dich zu unterstützen. Die Dinge sind in die Wege geleitet. Ich finde es großartig, dass du ehrlich bist, aber du bekommst das Geld. Vielleicht kannst du dadurch selbst ein Segen für andere sein."

Mit diesem Statement im Kopf verließ ich das Büro. Ich war wirklich sprachlos. Wahnsinn! So eine finanzielle Versorgung hatte ich persönlich bis zu diesem Moment noch nicht erlebt. Und dabei war Gott noch immer nicht fertig. Einen Tag später, am Donnerstag, den 30. November 2017, erzählte ich in meinem Hauskreis von diesem Wunder. Zum Ende des Abends kam eine Teilnehmerin auf mich zu und meinte: „Ich hatte schon seit letzter Woche den Eindruck, dass ich dir und Nina Geld schenken soll. Und nach dem, was du heute erzählt hast, bin ich mir sicher, dass der Eindruck von Gott kam. Mir liegt es auf dem Herzen, euch mit einer größeren Summe zu unterstützen."
In meinem Kopf drehte sich alles. Dieser Geldsegen hörte ein-

fach nicht mehr auf! Meine Versuche, die Großzügigkeit der Hauskreisteilnehmerin zu bremsen, scheiterten. Sie war fest entschlossen, uns diesen Betrag zu geben. Also nahm ich ihr Geschenk voller Dankbarkeit an. Sie gab uns letztlich 500 Euro. So viel hatte sie zuvor noch nie einer Person einfach so gegeben. Doch Gott hatte ihr genau diesen Betrag aufs Herz gelegt. Ihre Großzügigkeit war und ist für mich ein echtes Vorbild. Und ich staune bis heute über Gottes unglaubliches Handeln in dieser Zeit.

Am Freitagmorgen fuhren Nina und ich mit dem Auto nach Berlin, um meine Familie in der Heimat zu besuchen. Abends saßen wir alle gemütlich im Wohnzimmer beisammen und tauschten uns aus. Ich konnte die Erlebnisse der vergangenen Tage einfach nicht für mich behalten. Also erzählte ich meinen Eltern mit Begeisterung von all dem, was mir passiert war. Am Ende der Geschichte sagte mein Papa nur: „Und die Woche ist noch nicht vorbei."

„Was meinst du damit?", hakte ich ahnungslos nach. „Na ja, die Woche ist eben noch nicht vorbei", wiederholte er. „Wir würden gerne die Unterhaltskosten für dein Auto übernehmen. Also Versicherung und Steuer." Mein Papa lächelte, wie nur ein Papa lächeln kann. „O Mann, das braucht ihr doch nicht!", schoss es sofort aus meinem Mund. „Ich hab das alles doch nicht erzählt, damit ihr uns auch noch etwas gebt. Ich wollte euch nur daran teilhaben lassen, wie krass Gott die Dinge arrangiert hat."

Doch bevor ich versuchte, mich weiter zu rechtfertigen, hakte mein Papa erneut ein. „Das weiß ich doch. Es ist unsere freie Entscheidung, euch in diesem Punkt zu unterstützen. Die Woche ist eben noch nicht vorbei." Nina und ich schauten uns für einen kurzen Moment ungläubig in die Augen. Dann wandten wir uns wieder meinen Eltern zu und umarmten sie glücklich.

So ging die Woche vorbei. Im Kalender. Doch im Herzen hinterließ sie eine tiefe Spur der Dankbarkeit. Eine Spur, die mittlerweile immer mehr Raum in mir gewann.

Diese Spur findet sich auch in dem besagten Blogbeitrag wieder, den ich in jener Woche veröffentlichte. Nach dem oben zitierten Abschnitt schrieb ich:

> Ich möchte lernen, Gott für das zu danken, was er tut, um mein Innerstes auf seine Größe abzustimmen. Wenn ich dann wieder im Nebel stehe, habe ich eine Landkarte voller Dankbarkeit in meinem Herzen, auf der ich sehe, wie Gott mich in der Vergangenheit geführt hat. Ich kann dankbar sein und vertrauen.
>
> (Blogbeitrag: Warum der nächste Schritt ausreicht, Donnerstag, 30.11.2017)

DANKBARKEIT ÜBERWINDET TRAURIGKEIT

Peter Hahne hat einmal gesagt: „Anfangen zu danken ist der beste Weg, trübe Stunden zu beenden." Für mich liegt der schönste Teil dieses Zitates in der Mitte: „der beste Weg". Dankbarkeit überwindet Traurigkeit nicht über Nacht. Dankbarkeit führt dich auf einem göttlichen Pfad hinaus aus der Traurigkeit. Und das ist ein Prozess. Meine innere Traurigkeit war verwurzelt in einer ebenso tiefen Erschöpfung. Eine Erschöpfung, die es geschafft hatte, mein Herz zu benebeln. Es brauchte Zeit, um sich aus diesem Nebel freizukämpfen. Es brauchte Zeit, innerlich wieder „heil" zu werden. Es brauchte Zeit, meine eigenen Grenzen neu zu stecken.

Ich spüre bis heute, wie mich diese krasse Zeit geprägt hat. Noch immer habe ich Momente, in denen ich diese tiefe Traurigkeit verspüre. Momente, in denen mich meine Erschöpfung wieder einholt. Natürlich nicht mehr in dem Ausmaß, wie es im Herbst 2017 der Fall war. Es ist deutlich besser geworden. Heute sind diese Momente vielmehr eine wichtige Erinnerung für mich. Durch sie darf ich lernen, wo meine Grenzen liegen. Und dafür bin ich dankbar. Ich fühle mich, wie es Peter Hahne gesagt hat, auf einem Weg. Dabei versuche ich, diese Dankbarkeit niemals zu verlieren. Denn sie überwindet trübe Stunden.

Vor Kurzem veröffentlichte *Bethel Music* ein neues Album mit dem Namen *Victory*. Der erste Track heißt „Raise A Hallelujah". Ich hörte dieses Lied zum ersten Mal auf einer Autofahrt in meinem kleinen gemütlichen Golf und war sofort komplett aus dem Häuschen (wenn das in einem Auto möglich ist). Kaum war der Song vorbei, startete ich ihn direkt von vorn. Er bringt absolut auf den Punkt, was ich erlebt hatte und immer noch erlebe. Er gleicht einer gewaltigen Kampfansage. Einer Kampfansage an all die dunklen Gedanken in meinem Kopf. Im dritten Durchlauf begann ich selbst mitzusingen. Und wie!

> I'm gonna sing, in the middle of the storm.
> Louder and louder, you're gonna hear my praises roar.
> Up from the ashes, hope will arise.
> Death is defeated, the King is alive!

Ich drehte die Anlage meines neunzehnjährigen Golfs bis zur Schmerzgrenze auf. Mein Lenkrad hielt mittlerweile als Schlagzeug her. Voller Leidenschaft sang ich weiter:

> I raise a hallelujah, with everything inside of me.
> I raise a hallelujah, I will watch the darkness flee.
> I raise a hallelujah, in the middle of the mystery.
> I raise a hallelujah, fear you lost your hold on me.

Dieses Lied rührte mich zu Freudentränen. Ich möchte niemals aufhören, Gott in meinen persönlichen Krisen großzumachen. Ihn zu ehren und ihm zu danken für all das Gute, was er bereits in meinem Leben getan hat. Denn eins durfte ich in jenem Herbst lernen:

Meine Dankbarkeit wird meine Traurigkeit überwinden. Denn Dankbarkeit gewinnt im Herzen. Gerade dann, wenn wir uns eigentlich verloren fühlen.

KEYPOINTS

1. Es geht nicht darum, heute anzukommen, sondern heute einen kleinen Schritt in die richtige Richtung zu gehen. Mit jedem Schritt im Vertrauen werden wir mehr sehen. Nur wer weitergeht, wird weitersehen.

2. Wenn wir erschöpft sind und uns orientierungslos fühlen, kann es helfen, Gefühle und Gedanken schriftlich zu sortieren. Das Problem zu verstehen, ist der erste Schritt auf dem Weg, es zu lösen.

3. Eine Haltung der Dankbarkeit verändert die Situation nicht, doch sie verändert unsere Wahrnehmung der Situation. Sie hilft uns, Gottes Wirken in unserem Alltag zu entdecken.

4. Dankbarkeit kann uns niemand nehmen. Nicht mal unsere Traurigkeit. Solange du lebst, wird es immer Gründe zum Danken geben. Am Ende überwindet Dankbarkeit Traurigkeit.

KAPITEL 6

WO GLAUBE IST, DA IST AUCH GEBET

DER GROSSE SCHRITT IN DIE ABHÄNGIGKEIT

Januar 2018. Wie wird aus einem Freizeitprojekt eine Organisation, die man auch beruflich voranbringen kann? STAYONFIRE gab es nun schon über drei Jahre. Ich hatte die Plattform in meiner Freizeit zwischen Abitur und Studium gegründet, nun baute ich sie parallel zu meinem Studium in Darmstadt kontinuierlich aus.

Gerade die letzten Monate waren dabei ziemlich herausfordernd gewesen. Lukas war immer noch in Berlin, sodass die gemeinsame Entwicklung der Plattform meistens über das Internet passierte. Einige der Teammitglieder, die über die Zeit dazugestoßen waren, wohnten allerdings weder in Berlin noch in der Nähe von Darmstadt. Das machte Absprachen und das gemeinsame Vorankommen nicht gerade einfacher. Dazu kam, dass bisher jeder seinen Job komplett ehrenamtlich machte. Mein Traum war es jedoch, STAYONFIRE nach meinem Studium zu einer Plattform mit mehreren Festangestellten auszubauen. Doch wie sollte das Realität werden?

Der gewöhnliche Weg nach meiner pastoralen Ausbildung sah so aus, dass ich als Vikar in einer Gemeinde anfangen würde. Nach zwei Jahren Vikariat könnte ich dann als Pastor ordiniert werden. Mit dieser Vorstellung konnte ich mich durchaus anfreunden. Dennoch wollte ich in meiner Zukunft auch Raum für STAYONFIRE schaffen. Für das Vikariat brauchte man eine Anstellung in einer Gemeinde von mindestens 51 %. Es blieben also auf dem Papier 49 % für die Arbeit von STAYONFIRE. Mein Ziel bestand darin, die Plattform so auszubauen, dass am Ende meines Studiums (August 2019) die Möglichkeit bestand, mich selbst in Teilzeit bei STAYONFIRE anzustellen.

Also wollten wir als Team schon jetzt die richtigen Weichen stellen, um STAYONFIRE auch strukturell für die Zukunft vorzubereiten. Die erste und wichtigste Frage bestand darin, zu entscheiden, unter welcher Rechtsform STAYONFIRE in Zukunft laufen würde. Wollten wir uns gemeinnützig oder gewerblich aufstellen? Mit anderen Worten: Wollten wir uns von Spenden abhängig machen oder die Plattform selbstständig in Form eines Onlineshops führen?

Lukas und ich schwankten unzählige Male hin und her. Beide Formen hatten ihre Vor- und ihre Nachteile. Die Option, aus STAYONFIRE ein Unternehmen zu machen, klang für uns beide im ersten Moment einfacher – obwohl wir uns ebenso gewünscht hätten, gemeinnützig zu werden. Doch einen Verein zu gründen, war bürokratisch ein ziemlich großes Ding. Beides in einer Rechtsform zu verbinden (zum Beispiel als gemeinnützige Unternehmergesellschaft gUG), hätte einen noch viel größeren Aufwand bedeutet.

All das schien uns während des Studiums doch ein wenig zu komplex zu werden. Ein standardmäßiges Gewerbe war dagegen relativ schnell angemeldet. STAYONFIRE würde weiterhin komplett kostenlos bleiben, während der Shop im Hintergrund die notwendigen finanziellen Mittel generierte. Uns gefiel der Gedanke. Auf der anderen Seite fragten wir uns, wie die Community reagieren würde, wenn wir aus STAYONFIRE ein kommerzielles Projekt machten. Die Wahl war alles andere als einfach.

Am Ende entschieden wir uns vorerst für das Gewerbe. Lukas begann damit, einen Shop auf unserer Website zu installieren. Dabei merkte er relativ schnell, dass die Dinge doch nicht so einfach waren, wie ich sie mir vorgestellt hatte. Ein *eigenes* Shopsystem zu bauen, ist eine ziemlich große Sache, wenn man nicht einen vorgefertigten Baukasten nutzt. Also schoben wir das Projekt weiter hinaus. Damit verliefen die Pläne erst mal im Sand. Bis plötzlich im Januar 2018 eine neue Alternative auf dem Radar auftauchte: Einer meiner Brüder rief mich aus Berlin an und stellte mir eine Idee vor, die uns helfen konnte, schneller zu wachsen.

Er selbst hatte bereits 2011 den Verein Mannaplace e. V. gegründet, um Glaubensfilme für das Internet zu produzieren und zu fördern. Für mich war und ist mein Bruder ein echtes Vorbild, wenn es darum geht, Dinge mit Leidenschaft aufzubauen. Natürlich standen wir über die Zeit auch im Austausch, was die Arbeit von Mannaplace und STAYONFIRE anging. Schließlich verfolgten wir eine ähnliche Vision, wenn auch auf unterschiedlichen Wegen: Wir wollten das Internet für Gott nutzen, um seine Botschaft online zu teilen.

Als Julius mich anrief, schlug er mir vor, STAYONFIRE durch Mannaplace zu fördern. Damit meinte er eine Unterstützung im Bereich der Verwaltung. Da STAYONFIRE dasselbe gemeinnützige Ziel wie Mannaplace verfolgte, würde es ein Projekt von Mannaplace e. V. werden können, aber komplett eigenständig bleiben. Das bedeutete für uns, dass wir für STAYONFIRE Spenden empfangen und quittieren könnten.

Doch nicht nur das. Julius bot mir außerdem an, dass der Mannaplace e. V. den bürokratischen Mehraufwand von STAYONFIRE, beispielsweise die Buchhaltung, abwickeln könnte. Im Gegenzug würden wir dem Verein einen kleinen Prozentsatz unserer Spenden abführen. So könnte der Mannaplace e. V. die entstehenden Mehrkosten durch STAYONFIRE decken und wir könnten anfangen, einen eigenen Spenderkreis aufzubauen. Ohne viel Papierkram! Außerdem versicherte mir Julius, dass wir zu jeder Zeit aussteigen könnten, sobald wir einen eigenen Verein gründen wollten.

Als mein Bruder mir diese Idee am Telefon vorstellte, spürte ich sofort einen inneren Frieden. Ehrlich gesagt fühlte es sich an wie ein Geschenk von Gott. Wie lange waren wir unschlüssig gewesen über die zukünftige Rechtsform von STAYONFIRE! Doch dieses Angebot war ideal auf unsere aktuelle Situation zugeschnitten. Wir würden alle Vorteile einer Verbindung mit dem Mannaplace e. V. nutzen können und trotzdem ein eigenständiges Projekt bleiben, das sich zu jeder Zeit wieder von Mannaplace lösen konnte.

Nach dem Telefonat redete ich mit Lukas, mit meiner Verlobten Nina und mit dem Team über das Angebot. Wir waren uns alle einig. Am 29. Januar 2018 teilte ich Julius mit, dass wir das Angebot annehmen würden und die notwendigen Schritte eingeleitet werden konnten.

Schon am 6. Februar ging die erste offizielle Spende für STAYONFIRE ein.

VORBEREITUNGEN FÜR DEN ERSTEN MINIJOB

Innerhalb weniger Wochen hatte sich der Horizont von STAYONFIRE um ein Vielfaches erweitert. Das Fundament für eine großartige Zukunft nach dem Studium war gelegt. Nun ging es im nächsten Schritt darum, einen Unterstützerkreis aufzubauen. Er sollte es möglich machen, den Blog auf ein neues Level zu bringen.

Im Sommer 2018 würde das Begleitpraktikum in meiner Gemeinde zu Ende gehen, das ich bisher parallel zu meinem

Studium absolviert hatte. Deshalb rechnete ich damit, im letzten Studienjahr etwas mehr Zeit für STAYONFIRE zu haben. Auch wenn meine Energiereserven seit meiner herausfordernden Erschöpfungsphase etwas begrenzter waren, entstand in meinem Kopf die Idee, mit einem Minijob bei STAYONFIRE zu starten. Dieser Minijob würde mir helfen, das entstandene Team hinter STAYONFIRE besser zu koordinieren, den Spenderkreis zu erweitern und neue Projekte ins Leben zu rufen. Außerdem würde es finanziell eine sinnvolle Zwischenstufe zur Teilzeitanstellung nach dem Studium sein.

Der Vorschlag traf auch bei Lukas auf Zustimmung. Wir hatten also ein neues Ziel vor Augen: der erste Minijob bei STAYONFIRE. Mit Julius rechnete ich aus, welche monatlichen Kosten auf uns zukommen würden. Am Ende kamen wir auf rund 600 Euro. Eine Summe, der ich optimistisch, aber auch mit Respekt entgegensah. Wir machten uns also an die Arbeit.

Im ersten Jahr von STAYONFIRE hatten wir bereits kleine Erfahrungen mit einem privaten Spendenprojekt für unsere neuen Studioleuchten gesammelt. Damals hatten wir einmalig 450 Euro gebraucht. Sie zusammenzubekommen, ging schneller als erwartet. Doch nun brauchten wir über 600 Euro *monatlich*. Der große Unterschied lag also darin, dass wir nicht in erster Linie einmalige Spender suchten, sondern Leute, denen es auf dem Herzen lag, STAYONFIRE regelmäßig zu unterstützen. Dazu kam, dass die meisten unserer Follower Schüler, Azubis oder Studenten waren, die oft nur ein schmales Budget zur Verfügung hatten. Dennoch war ich zuversichtlich. Vielleicht auch deshalb, weil ich vor Kurzem selbst so eine starke finanzielle Versorgung erlebt hatte. Und immerhin hatten wir eine Community von mehreren Tausend Leuten.

Für die Fundraising-Kampagne bauten wir, ähnlich wie bei unserem ersten Spendenprojekt 2015, eine schlichte Unterseite auf unserer Webseite auf und produzierten ein visionäres Erklärungsvideo. Mir lag es auf dem Herzen, den Menschen die Vision hinter dem Projekt zu zeigen. Sie sollten sehen und spüren, wie sehr der Wunsch in uns brannte, Menschen durch STAYONFIRE im Glauben zu ermutigen. Das Video sollte nur eine Minute dauern und alle wichtigen Facts zusammenfassen. So bastelte ich mühsam am Skript herum, holte mir Feedback ein, diskutierte mit anderen darüber und verbesserte es immer weiter. Dann nahmen wir das Video auf, editierten es im Schnittprogramm und luden es versteckt auf YouTube hoch.

Der Tag, an dem wir unsere neue Fundraising-Kampagne starten würden, konnte kommen!

Vormittag, 17. April 2018: Tag 1 nach dem Kick-off

Ich sitze im Unterricht. Während ich versuche, dem theologischen Stoff des Dozenten zu folgen, warte ich gespannt auf Antwort von Julius. Gibt es seit unserem Kick-off schon Spendeneingänge bei STAYONFIRE? Plötzlich sehe ich auf meinem Smartphone eine neue Nachricht. Etwas verdeckt entsperre ich den Bildschirm und öffne den Messenger. Julius' knappe Antwort: „Nein."

Ich lege das Smartphone wieder beiseite und denke nach. Wahrscheinlich brauchen die Banken mehr als einen Tag, bis die Spendeneingänge bei uns ankommen. Schließlich haben wir erst gestern Nachmittag das Video veröffentlicht. Ich versuche, die Situation locker und gelassen zu nehmen.

Doch plötzlich meldet sich ein ängstlicher Gedanke: *Was, wenn diese Sache komplett nach hinten losgeht? Was, wenn die Community dieses Spendenprojekt völlig falsch aufnimmt und denkt, wir wollen mit STAYONFIRE nur Geld verdienen? Was, wenn wir die 100 %-Marke über Monate nicht im Ansatz vollbekommen?* Die Fragen in meinem Kopf nehmen an Fahrt auf. Ich versuche, mir selbst gut zuzureden. *Komm mal runter und entspann dich, Thaddäus! Es ist der erste Tag. Das wird schon.*

Schnell merke ich, wie unberechtigt meine Ängste sind. Ich glaube, ich sollte mich wirklich mehr entspannen. Glücklicherweise verabschiedet uns der Dozent in diesem Moment in die Kaffeepause. Sehr gut, denke ich. Einen Kaffee kann ich jetzt gebrauchen.

Vormittag, 18. April 2018: Tag 2 nach dem Kick-off

Wieder sitze ich im Unterricht und warte auf ein neues Spendenupdate. Dieses Warten macht mich wirklich kribbelig und ich bin richtig angespannt. Ich fühle mich wie ein kleines Kind, das auf das Ergebnis seiner Lieblingsfußballmannschaft wartet. Oder darauf, dass der Lehrer ihm seine Mathenote sagt. Meine Gedanken sind von einer einzigen Frage in Beschlag genommen. Der Unterricht geht dabei völlig an mir vorbei. Endlich kommt die lang erwartete Nachricht von Julius: „Bis jetzt sind zwei einmalige Spenden eingegangen."

Etwas erleichtert lehne ich mich zurück an die Stuhllehne. Ich bin dankbar! Die ersten Unterstützer für den Minijob haben sich gefunden. Großartig! Eine Person, die ich flüchtig übers Internet kenne, hat 100 Euro gespendet, eine andere Person 10 Euro. Der Anfang ist gemacht.

Doch plötzlich spüre ich, wie sich die ängstlichen Gedanken vom Vortag zurückmelden. *110 Euro ist unfassbar großzügig und dennoch im Verhältnis nur ein Bruchteil dessen, was wir brauchen!*, denke ich etwas skeptisch. Um die einmaligen Spenden in unser monatliches Spendenziel von über 600 Euro aufzunehmen, haben wir uns dazu entschieden, die Beträge zusammenzurechnen und durch 12 Monate zu teilen. Etwas kompliziert. Ich weiß. Aber so simulieren wir einen zwölfmonatigen Dauerauftrag, den wir in unsere Gesamtrechnung miteinbeziehen können.

Also nehme ich mein Smartphone, öffne die Rechner-App und tippe die Beträge ein. 110 Euro ergeben über 12 Monate gerechnet einen monatlichen Betrag von rund 9 Euro 17 Cent. Prozentual gesehen liegen wir damit bei 1,53 % vom Gesamtbetrag. „Wir haben also 1,53 % von unserem Ziel erreicht", murmle ich lautlos vor mich hin. „Ist es nicht meistens so, dass am Anfang der größte Schub an Spenden kommt und es dann eher nachlässt?" Erneut schaue ich auf die Anzeige meines Smartphones. *Wenn 1,53 % den „großen Schub" darstellen, was kommt wohl danach?,* frage ich mich zweifelnd. Ich lege das Smartphone beiseite und versuche, mich wieder auf den Unterricht zu konzentrieren. Nutzlos. Meine Gedanken kreisen unaufhörlich um das Fundraising-Projekt. Was können wir tun, um die Sache noch mehr in Schwung zu bringen? Fieberhaft suche ich nach Ideen.

Plötzlich muss ich an eine Hausarbeit zurückdenken, die ich im Herbst 2017 verfasst habe. Genauer gesagt war es die Auslegung eines Gleichnisses, das Jesus seinen Jüngern auf dem Weg nach Jerusalem erzählt hatte. Er wollte ihnen damit zeigen, wie wichtig es ist, im Gebet beständig dranzubleiben. Ich schrieb die Hausarbeit in einer Zeit, in der es mir nicht so gut ging. Ehrlich gesagt war ich extrem dankbar, als ich die Auslegung endlich abgeben konnte.

Doch jetzt kam es mir plötzlich so vor, als würde dieses Gleichnis ganz praktisch in meinen Alltag hineinsprechen. Ja, als würde Gott meine eigene Hausarbeit gebrauchen, um mir liebevoll meinen nächsten Schritt in diesem Spendenprojekt zu zeigen. Nämlich ganz einfach beständiges Gebet. In meinem Kopf ließ ich das Gleichnis noch einmal Revue passieren.

EINE WITWE, DIE MEINEN GLAUBEN STÄRKTE

Das Gleichnis in Lukas 18,1-8 handelt von zwei völlig unterschiedlichen Personen: einer armen Witwe und einem ungerechten Richter. Die Witwe war im wahrsten Sinne des Wortes ein Opfer des damaligen Rechtssystems geworden. Schutzlos und chronisch unterlegen lebte sie in der Gesellschaft. Der Tod ihres Mannes hatte sie in ein so tiefes soziales Loch geworfen, dass sie aktuell um ihre Existenz kämpfte. Vielleicht hatte sie auch Kinder, die sie versorgen musste. Von außen betrachtet wirkte die Witwe wie ein hoffnungsloser Fall. Dazu kam noch, dass einige Leute versuchten, sie immer weiter auszubeuten.

Die Witwe war am Ende und fühlte sich ungerecht behandelt. Deshalb ging sie zu dem für sie zuständigen Richter, der allerdings alles andere als gerecht war. Jesus selbst nannte ihn einen Richter, „der nicht nach Gott fragte und auf keinen Menschen Rücksicht nahm" (Lukas 18,2). Die Moral von diesem Typen war auf dem absoluten Nullpunkt. Jeder, der damals dieses Gleichnis hörte, musste den Richter verabscheuen. Er war der Witwe haushoch überlegen.

Und so kam es, wie es kommen musste: Der ungerechte Richter schmetterte das Anliegen der Witwe lieblos ab. Die Not dieser schutzlosen Frau interessierte ihn überhaupt nicht. Sie langweilte ihn. Doch dann passierte etwas Erstaunliches: Die Witwe kam mit ihrer Bitte erneut zum Richter. Und danach noch einmal. Und immer wieder. Obwohl sie jedes Mal eine fette Absage kassierte. Statt aufzugeben, nervte sie den Richter unaufhörlich mit ihrem Anliegen. Als hätte sie bereits den Glauben, dass sie mit ihrem Anliegen eines Tages durchkommen würde.

Der Richter dagegen konnte das Verhalten der Witwe überhaupt nicht verstehen. Normalerweise hätte jede andere Witwe sofort das Handtuch geworfen. Doch diese Witwe wurde für ihn so bedrohlich, dass er sich irgendetwas einfallen lassen musste.

Krass, oder? Lass dir das doch mal durch den Kopf gehen. Eine schutzlose Witwe kommt mutig und selbstsicher immer wieder zu einem katastrophalen Richter. Sie kehrt so oft zu ihm zurück, dass er befürchtet, dass die Witwe völlig ausrastet und handgreiflich wird. Jesus erzählt das so: „Lange Zeit wollte der Richter nicht darauf eingehen, doch dann sagte er sich: ‚Ich fürchte Gott zwar nicht, und was die Menschen denken, ist mir gleichgültig; aber diese Witwe wird mir so lästig, dass ich ihr zu ihrem Recht verhelfen will. Sonst bringt sie mich mit ihrem ständigen Kommen noch zur Verzweiflung'" (Lukas 18,4-5).

Das griechische Wort, das hier für „zur Verzweiflung bringen" steht, ist eigentlich noch heftiger. Die Elberfelder Bibel übersetzt diese Passage deshalb mit folgenden Worten: „damit sie nicht am Ende komme und mir ins Gesicht fahre" (Lukas 18,5 ELB). Richtig gehört! Der Kerl hat Angst davor, von der Witwe eine verpasst zu bekommen.

So verhilft der ungerechte Richter der Witwe am Ende also doch zu ihrem Recht. Nicht etwa, weil er gnädiger geworden wäre. Nein, ganz im Gegenteil! Er ist einfach faul und hat keinen Bock auf Arbeit, Stress und körperliche Verletzungen. Deshalb geht er auf ihre Bitte ein.

Die Verachtung für den Richter muss bei dem Zuhörer immer weiter gestiegen sein. *Wie kann er nur!?,* haben sich die Leute ganz sicher gedacht. Und genau diese Verachtung greift Jesus jetzt nach seinem Gleichnis auf. „Der Herr fuhr fort: ‚Habt ihr darauf geachtet, was dieser Richter sagt, dem es überhaupt nicht um Gerechtigkeit geht? Sollte da Gott nicht erst recht dafür sorgen, dass seine Auserwählten, die Tag und Nacht zu ihm rufen, zu ihrem Recht kommen?'" (Lukas 18,6-7).

Es scheint, als ob Jesus diesen Richter so tief wie möglich abwerten würde, damit er anschließend zum Ausdruck bringen kann, wie viel gerechter Gott ist. Ganz nach dem Motto: Wenn die schutzlose Witwe selbst bei diesem katastrophalen Richter durchkommt, wie viel mehr werden wir bei unserem gerechten Gott durchkommen! Jesus bestätigt und betont das sogar noch, indem er ergänzt: „Wird er sie [seine Auserwählten] etwa warten lassen? Ich sage euch: Er wird dafür sorgen, dass sie schnell zu ihrem Recht kommen" (Lukas 18,7-8).

Jesus erzählte dieses Gleichnis in einem spannenden Kontext. Die Jünger und Jesus standen kurz davor, Jerusalem zu erreichen. Die Stadt, in der er verurteilt und gekreuzigt werden sollte. Deshalb hatte Jesus nur noch wenig Zeit, den Jüngern etwas Persönliches mit auf ihren Weg zu geben. In Lukas 17, ein

Kapitel vor dem Gleichnis, erzählt er davon, wie schwierig die Zeit sein wird bis zu dem Zeitpunkt, an dem er ein zweites Mal wiederkommen wird. Verfolgung, Leid und Ungerechtigkeit werden die erleben, die sich zu ihm bekennen. Es wird nicht einfach sein, den Glauben zu bewahren, dass Gott wirklich die Kontrolle behält.

Und genau im Kontext dieser heftigen Prognosen erzählt Jesus das Gleichnis von der Witwe und dem ungerechten Richter. Er möchte die Jünger daran erinnern, wie wichtig es ist, in alldem beständig zu beten, nicht aufzugeben und die Hoffnung niemals zu verlieren. Gott hat die Kontrolle und wird seinen Auserwählten, die Tag und Nacht zu ihm rufen, zu ihrem Recht verhelfen. Wenn das schon der ungerechte Richter getan hat, wie viel mehr wird es Gott bei seinen Jüngern tun!

Und damit meint er nicht nur die zwölf Jünger von vor 2000 Jahren. Er meint genauso jeden Menschen, der ihm heute nachfolgt. Wenn du das tust, dann meint er dich. Er meint uns. Gemeinsam bilden wir die Gemeinde Gottes. Sie wird es in dieser Welt, ähnlich wie die Witwe, nicht immer einfach haben. Die Frage ist nur, ob wir Gott in alldem wirklich vertrauen.

Jesus schließt seine Rede mit den Worten: „Aber wird der Menschensohn, wenn er kommt, auf der Erde solch einen Glauben finden?" (Lukas 18,8). Solch einen Glauben, wie ihn die Witwe besaß. Sie ging unablässig zum Richter, weil sie wusste, dass sie eines Tages einen Durchbruch erleben würde. Sie kam, weil sie glaubte. Hätte sie nicht diesen Glauben gehabt, wäre sie auch nicht wiedergekommen.

Dasselbe gilt für unser geistliches Leben. Wo Glaube ist, da ist auch Gebet. Und genau diesen Glauben sucht Jesus in unseren Herzen. Einen Glauben, der sich ganz natürlich in einem beständigen Gebet zeigt.

Wie ich erzählt habe, durfte ich über dieses Gleichnis im Herbst 2017 eine längere Ausarbeitung schreiben. Am Ende meiner Hausarbeit lief alles auf diesen einen Kernsatz hinaus: *Wo Glaube ist, da ist auch Gebet.* Vielleicht erleben wir aktuell im

WO GLAUBE IST,
DA IST AUCH GEBET.

deutschsprachigen Raum nicht dasselbe, was die Witwe oder die Jünger vor 2000 Jahren erlebt haben. Dennoch bleibt dieser Grundsatz in unserem alltäglichen Glaubensleben anwendbar. Dort, wo wir an die Kraft des Gebets glauben, werden wir auch beten. Im Umkehrschluss wird das Gebet zwangsläufig dort runterfallen, wo wir den Glauben an die Kraft des Gebets verloren haben. Glaube und Gebet sind nicht voneinander zu trennen.

Ungefähr mit diesen Worten beendete ich im Herbst 2017 das Fazit meiner Ausarbeitung, gab sie dem zuständigen Dozenten und setzte einen Haken auf meiner To-do-Liste. Hausarbeit – check!

WO GLAUBE IST, DA IST AUCH GEBET

Doch in meinem Herzen schien dieses Gleichnis noch nicht ganz abgehakt zu sein. Als ich am 18. April 2018 dort im Unterricht saß und etwas enttäuscht über die 1,53 % nachdachte, wurde mir die Wahrheit und Kraft dieser Erzählung von Jesus neu bewusst. Mit einem Mal ermutigte mich der Glaube dieser Witwe ganz konkret. Unaufhörlich kehrte sie zum ungerechten Richter zurück, weil sie überzeugt war, dass sie durchkommen würde. Wie viel mehr konnte ich davon ausgehen, dass Gott, der so voller Liebe und Gerechtigkeit ist, mir helfen würde!

Die Frage war also nur, ob ich wirklich den Glauben besaß, dass meine Gebete ihn erreichten. Ich klapperte in Gedanken jede Phase der Vorbereitung ab. Etwas verdutzt musste ich feststellen, dass ich im gesamten Projektverlauf nur wenig gebetet hatte. Ohne Frage waren die Dinge wieder mal möglichst exzellent an den Start gebracht worden. Das Gebet schien dabei jedoch hinten heruntergefallen zu sein. Lag der Ursprung für das wenige Gebet vielleicht in meinem fehlenden Glauben?

Erneut rief ich mir den Kernsatz meiner Hausarbeit in Erinnerung: *Wo Glauben ist, da ist auch Gebet.* Plötzlich gewann dieser Satz für mich ganz neu an Bedeutung. Wem schenkte ich in diesem Fundraising-Projekt mehr Glauben? Meinem Tun oder Gottes Kraft? Konnte es sein, dass ich einen größeren Glauben dafür besaß, die Dinge selbst hinzubekommen, anstatt sie durch Gebet ans Ziel zu bringen? Oder weshalb kam ich erst jetzt auf die Idee, ernsthaft für eine göttliche Versorgung zu beten?

Meine Fragen erinnerten mich an eine frühere Phase von STAYONFIRE. Damals waren es die Aufgaben gewesen, denen ich wesentlich mehr Raum gegeben hatte als der eigentlichen Beziehung zu Jesus. Ich tat so viele Dinge *für* Gott, dass ich kaum Raum besaß, Zeit *mit* ihm zu verbringen. Die gegenwärtige Situation schien ähnlich paradox zu sein. Während ich etwas für Gott bewegen wollte, schenkte ich meinen eigenen Konzepten mehr Glauben als der Kraft des Gebets.

In diesem Moment fühlte es sich an, als wenn Gott mich liebevoll an meine eigene Herausforderung erinnerte. Ich spürte, dass es bei diesem Projekt um weitaus mehr ging, als genügend Spenden zu sammeln. Es ging darum, Gott zu vertrauen, sich von ihm abhängig zu machen und im Gebet seine Kraft zu erleben.

Als ich das erkannt hatte, war ich motiviert und ermutigt, einen neuen Schritt zu gehen. Also traf ich eine Entscheidung: Ich wollte Gott neu darum bitten, mir Glauben für seine übernatürliche Versorgung zu schenken. Denn eins wusste ich nun: Gott sucht Menschen, die ihm Glauben und Vertrauen entgegenbringen.

Nach dem Unterricht machte ich mir einen leckeren Tee, füllte ihn in meinen Thermobecher und ging eine Runde spazieren. Noch heute erinnere ich mich ganz genau an diesen besonderen Spaziergang. Ich sprach mit Gott über meine Enttäuschung und bat ihn, mir neuen Glauben für seine Möglichkeiten zu schenken. Auf der einen Seite spürte ich seine väterliche Liebe und Annahme. Auf der anderen Seite drückte mich auch mein schlechtes Gewissen. Hatte ich nicht erst vor Kurzem Gottes finanzielle Versorgung in so überreichem Maß erlebt? Warum war mein Glaube für dieses Fundraising-Projekt nur so klein gewesen?

Ich versuchte, all meine Gefühle und Fragen an ihn abzugeben. Gott verstand sie zu diesem Zeitpunkt besser, als ich es tat. Während ich mit ihm redete, merkte ich, wie sich mein Blickwinkel auf die Situation veränderte. Er hatte die Kontrolle. Und obwohl ich null Ahnung hatte, wie er die Herzen der Menschen in Bewegung setzen würde, wusste ich ganz tief drinnen: Er konnte es tun! Ich hatte seine finanziellen Möglichkeiten bereits persönlich erlebt. Er konnte es wieder tun!

Mit Leidenschaft fing ich an, ganz konkret für neue monatliche Spender zu beten. Zwischendrin nahm ich immer wieder einen kleinen Schluck von meinem heißen Tee. Es war recht kühl und windig hier draußen, mitten in der freien Natur. Der Frühling ließ noch auf sich warten. Als ich einen bestimmten Punkt auf dem Feldweg erreichte, drehte ich um und ging denselben Weg wieder zurück. Auf den Lippen immer ein Gebet.

Als ich nach meinem Spaziergang wieder auf dem Campus ankam, hatte sich tatsächlich meine innere Einstellung verändert. Dieser schwerfällige Start des Fundraising-Projekts war keine Sackgasse. Es war eine Chance, echtes Gottvertrauen zu lernen. Die schutzlose Witwe ermutigte mich dabei, einen neuen Schritt zu gehen. Einen Schritt voller Glauben. Immer wieder. Beständig und leidenschaftlich. Schließlich war das der Weg, für den wir uns bei STAYONFIRE entschieden hatten. Wir machten uns bewusst abhängig von Gottes Versorgung.

Heute weiß ich, dass diese 600 Euro das kleinste Problem für Gott gewesen waren. Doch er nutzte diese Situation, um mich in seiner Gnade auf meiner Reise ein Stück weiter zu führen. Das Gebet sollte nicht länger nur der i-Punkt sein. Es sollte vielmehr der Ursprung des Segens werden.

Nach meinem Perspektivwechsel veränderte sich auch die

Spendensituation. Die Prozentzahl stieg enorm an. Am 26. April, Tag 10 nach dem Kick-off, hatten wir bereits 27,7 % der benötigten Spenden zusammen. Am 9. Mai waren es schon über 50 % und bereits am 23. Mai konnten wir das Projekt mit über 100 % erfolgreich abschließen. Eins kann ich dir sagen: Gott ist einfach so gut! Während wir weiter unser Bestes gaben, Menschen für unsere Vision zu begeistern, betete ich voller Glauben zu Gott. Beides spielte zusammen. Das Beten und das eigene Tun.

Ein kluger Mensch soll einmal gesagt haben: „Das Gebet ersetzt keine Tat, aber es ist eine Tat, die durch nichts zu ersetzen ist." Man kann viel tun und schaffen. Dennoch wird das Gebet unersetzbar bleiben. Nicht weil ich hinter jedem Gebet eine Erhörung erwarte. Sondern deshalb, weil Gott uns auffordert, mit Glauben und Vertrauen zu ihm zu kommen. Selbst wenn er anders antwortet, als wir es vielleicht erwarten.

Die Minijob-Geschichte ist eine der Storys, die man gern erzählt, weil sie ein schönes Ende nahm. Dennoch wäre es naiv, davon auszugehen, dass es immer so läuft. Oft beten wir und (scheinbar) passiert nichts. Und gerade in diesen Situationen ist es doch der Glaube, der uns im Gebet trägt. Wo Glaube ist, dort ist auch Gebet. Und wo Gebet ist, dort ist Gottes Antwort auf dem Weg. Selbst wenn sie ganz unscheinbar wirkt. Das hat er versprochen.

Wenn ich heute zurückschaue auf das Fundraising-Projekt, bin ich zutiefst dankbar. Für mich war es wirklich eine Schule des Gebets. Eine Vorbereitung auf das, was noch kommen sollte. Søren Kierkegaard hat dazu mal sehr treffend gesagt: „Das Gebet ändert nicht Gott, sondern den Betenden."

Wir hatten uns dazu entschlossen, den großen Schritt in die Abhängigkeit zu wagen. Der Minijob war nur der Anfang. Doch es war ein Anfang, an den ich mich immer erinnern werde. Gott liebt es, wenn wir ihm vertrauen und beständig im Gebet zu ihm kommen.

WAS DER MINIJOB BEWEGT HAT

Am 23. Mai 2018 erreichten wir also unser Spendenziel von monatlich über 600 Euro. So konnte ich direkt am 1. Juni mit meinem Minijob bei STAYONFIRE beginnen. Es fühlte sich unfassbar gut an. Ein echter Meilenstein war geschafft. Dankbar und erfüllt erlebte ich meinen ersten offiziellen Arbeitstag bei STAYONFIRE.

Wenn ich darüber nachdenke, was ich an diesem Tag machte, muss ich tatsächlich schmunzeln. Ich traf mich mit meiner Lektorin Konstanze zu einem leckeren Kaffee in Mainz. Sie hatte mich vor einiger Zeit angemailt und gefragt, ob ich mir vorstellen könnte, ein Buch zu schreiben. Meine Begeisterung war kaum zu übertreffen. Natürlich konnte ich mir das vorstellen! So entwickelte sich ein sehr netter Kontakt zwischen uns.

Am 1. Juni gab ich Konstanze ein Probekapitel (die erste Version von „Prozess vor Moment") zum Lesen mit. Nach unserem Treffen schrieb sie noch vom Zug aus, dass sie das Kapitel gelesen habe und begeistert sei. Unserem gemeinsamen Buchprojekt stand somit nichts mehr im Weg. Durch den Minijob konnte ich einen kleinen Teil meiner 10 Stunden, die ich pro Woche für STAYONFIRE arbeitete, ganz bewusst fürs Schreiben nutzen. Was für ein Geschenk! Wenn man sich mal überlegt, wie Gott das alles getimt hat – Wahnsinn!

Aber neben dem Buchschreiben ermöglichte der Minijob noch so viel mehr! Plötzlich konnte ich mir mehr Zeit nehmen, um die einzelnen Arbeitsbereiche besser zu koordinieren, Monatsthemenpläne zu erstellen und neue Formate an den Start zu bringen. Damit einhergehend etablierten wir den ersten offiziellen STAYONFIRE-Podcast. Heute gehört er zum festen Programm unserer Plattform.

Zudem investierten wir immer mehr Zeit in unsere Instagram-Seite. Wie du vielleicht gemerkt hast, war Facebook in den ersten Jahren von STAYONFIRE die Hauptplattform. Doch nachdem wir spürten, wie die Aktivität der jüngeren Generation auf Facebook abnahm, versuchten wir immer mehr, Instagram zu unserem wichtigsten Standbein auszubauen.

Insgesamt produzierten wir als Team bis zum Jahresende so viel Content wie niemals zuvor. Wir veröffentlichten im gesamten Jahr 49 Blogbeiträge, 30 Podcasts, über 250 Tagesbilder und 17 Videos, die auf Instagram durchschnittlich 14 500 individuelle Konten erreichten. Unsere Website stayonfire.de wurde dazu über 100 000 Mal aufgerufen. Vieles von dem wurde erst möglich durch den Minijob.

Gleichzeitig erlaubte es mir der Minijob, die Zukunft von STAYONFIRE nach meinem Studium vorzubereiten. Dazu riefen wir im Juli 2018 die „STAYONFIRE Crew" ins Leben. Jeder Dauerunterstützer wurde ein offizielles Crew-Mitglied und erhielt exklusive Überraschungen von uns. Anfangs bestand diese Überraschung in einem extra gedruckten Postkarten-Set. So bekam jedes Crew-Mitglied quartalsweise die beliebtesten Tagesbilder von STAYONFIRE als hochwertige Karten zugeschickt. Kostenlos, als Wertschätzung für ihre Unterstützung. Die Crew wuchs auf 50 Mitglieder an und wir erlebten Gottes Versorgung spürbar.

Anfangs hatten wir vor der Wahl gestanden: aus STAYONFIRE eine kommerzielle oder eine gemeinnützige Sache zu machen. Mit Sicherheit hätten beide Wege ihre Berechtigung gehabt. Doch wenn ich zurückblicke, bin ich dankbar, dass wir den zweiten Weg gewählt haben. Für uns war es der bessere Weg.

Wenn du das Buch bis zu diesem Punkt gelesen hast, kennst du mittlerweile meine persönlichen Herausforderungen ganz gut. Meine Kämpfe mit Perfektion, Erwartungen und dem Drang, es aus eigener Kraft zu schaffen. Die Entscheidung, uns von Gottes Versorgung abhängig zu machen, tat und tut mir bis heute einfach gut. Sie führt mich immer wieder zurück zu ihm. Zurück zu dem Ursprung, um den es bei STAYONFIRE gehen soll. Ich würde sogar so weit gehen und sagen: Von Gott abhängig zu sein, ist das Beste, was mir passieren kann. Diese Abhängigkeit zerstört meinen Stolz und trainiert meinen Glauben. Das hatte mir unser Spendenprojekt deutlich gezeigt. Es war ein echter Reminder an die Worte von Jesus.

Als Jesus das Gleichnis von der schutzlosen Witwe erzählte, schrieb Lukas als Einleitung: „Jesus wollte seinen Jüngern zeigen, dass sie unablässig beten sollten, ohne sich entmutigen zu lassen. Deshalb erzählte er ihnen folgendes Gleichnis" (Lukas 18,1). Obwohl die Witwe in einer völlig anderen Situation steckte, schaffte sie es mit ihrer beständigen Bitte beim Richter dennoch, mich im Glauben zu ermutigen. Gottes Wort ist so ein kostbarer Schatz für unser Leben!

Während ich diese Zeilen schreibe, bin ich bereits Teilzeit bei STAYONFIRE angestellt. Mein Studium liegt hinter mir und ich kann beruflich der Vision von STAYONFIRE nachgehen. Gebet hat Kraft. Das möchte ich dir mit diesem Kapitel sagen. Wir würden etwas verpassen, wenn wir aufhören zu beten. Konstantin Kruse (Pastor der Ecclesia Nürnberg) sagte einmal in einer Predigt: „Wenn du heute nicht betest, was möchtest du morgen ernten?"

Haben wir noch den Glauben, dass unser Gebet Wirkung hat? Wenn nicht, dann haben wir etwas sehr Wertvolles verloren. Denn wo Glaube ist, da ist auch Gebet. Und wo Gebet ist, da ist Gottes Kraft. Das durfte ich persönlich lernen und erleben. Ich weiß, dass ich noch nicht am Ziel bin. Doch ich bin auf dem Weg. Du auch?

KEYPOINTS

1. Wo wir an die Kraft des Gebets glauben, werden wir auch beten. Im Umkehrschluss wird das Gebet zwangsläufig dort runterfallen, wo wir den Glauben an die Kraft des Gebets verloren haben. Glaube und Gebet sind nicht voneinander zu trennen.

2. Gott sucht Menschen, die ihm Glauben und Vertrauen entgegenbringen. Das Gebet sollte nicht länger nur der i-Punkt sein, sondern vielmehr der Ursprung des Segens.

3. Wenn uns aktuell der Glaube für ein Wunder Gottes fehlt, sollten wir uns all die vergangenen Wunder in Erinnerung rufen, die Gott bereits getan hat. Wenn er es damals tun konnte, warum sollte er es heute nicht wieder tun können?

4. Das Gebet ist kein Ersatz für unsere eigenen Bemühungen. Doch gleichzeitig sind unsere Bemühungen auch kein Ersatz für das Gebet. Beides gehört zusammen. Das Tun und das Beten.

KAPITEL 7

WIE SCHNELL BIST DU BEI PLAN B?

EIN UNVERGESSLICHER SUCHVORSCHLAG

Es war eines der Wochenenden, an denen ich wieder einmal für STAYONFIRE unterwegs sein durfte. Ich war eingeladen, bei einem Jugendgottesdienst in Hannover zu predigen. Diesmal nahm ich nicht meinen Golf, sondern fuhr von Darmstadt direkt mit dem Zug in die niedersächsische Hauptstadt.

Das Event lief megagut und ich durfte erleben, wie Gott in den Herzen der Menschen wirkte, für die ich den Input vorbereitet hatte. Am nächsten Morgen wollte ich mit der Bahn direkt nach Darmstadt zurückfahren. Bevor ich jedoch in den Zug stieg, erlebte ich etwas Bemerkenswertes. Eigentlich passierte es direkt auf meinem Smartphone, aber bis heute verbinde ich den Hauptbahnhof in Hannover mit meinem aufschlussreichen Erlebnis.

Während ich durch die riesigen Bahnhofshallen in Richtung meines Bahnsteigs schlenderte (ich hatte noch gute 15 Minuten bis zur Abfahrt), stieg mir plötzlich der Duft von frischen Brötchen in die Nase. Gleichzeitig hatte ich Lust, mir nach der kurzen Nacht einen heißen Milchkaffee für die Heimreise zu gönnen.

Hungrig schielte ich zum nahe gelegenen Bäcker hinüber. Irgendwie kam es mir so vor, als ob die herrlich belegten Baguettes mit Tomate und Mozzarella meinen Namen riefen. Die Kaffeemaschine machte auch schon ganz sehnsüchtige Mahlgeräusche. Also blieb ich aus Höflichkeit erst einmal stehen. Dann überlegte ich. Bis mein Zug einfahren würde, hatte ich noch genug Zeit. Also zog ich mein Portemonnaie aus der Hosentasche und öffnete es. „Mist, kein Bargeld", stellte ich mit Bedauern fest. Ich lief zum Bäcker und erkundigte mich, ob ich auch mit Karte zahlen könne. „Leider nicht", entgegnete die Verkäuferin. Enttäuscht nahm ich Abstand von der Theke.

Dann entdeckte ich ziemlich in der Nähe des Bäckers einen EC-Kartenautomaten. Neue Hoffnung kam auf. Konnte ich hier vielleicht Geld abheben? Ich hatte ein Girokonto bei der Sparkasse. Sehr wahrscheinlich würde ich Gebühren zahlen müssen. Allerdings konnte ich nicht einschätzen, wie hoch diese sein würden. Ich hatte zu diesem Zeitpunkt noch nie an so einem „allgemeinen" EC-Kartenautomaten Geld abgehoben.

Also steckte ich mein Portemonnaie wieder ein und holte mein Smartphone aus der anderen Tasche. Nachdem ich das Display entsperrt hatte, tippte ich auf die Google-App und fing an, meine Frage ins Suchfeld einzutippen. In meiner Fantasie schmeckte ich schon das saftige Baguette und den köstlichen Kaffee in meinem Mund. Dabei ahnte ich nicht, dass im nächsten Moment etwas ganz anderes meine Aufmerksamkeit gewinnen würde. Buchstabe für Buchstabe tippte ich ein, bis im Suchfeld „wie teuer ist eine ..." stand.

Ups, da ist ein e zu viel, stellte ich ungeduldig fest, *es muss ja ‚ein' EC-Kartenautomat heißen.* Gerade als ich das letzte „e" entfernen wollte, fiel mein Blick auf die vorgeschlagenen Suchergebnisse. An einem der Vorschläge blieb er hängen. „Das ist ja ein Ding!", murmelte ich überrascht. In der ersten Zeile der

Suchvorschläge stand: „Wie teuer ist eine Hochzeit". Direkt darunter, als zweiter Vorschlag, stand: „Wie teuer ist eine Scheidung". Krass! Ganz offensichtlich waren das die häufigsten Sucheinträge von Menschen, die „Wie teuer ist eine ..." bei Google eingegeben haben. Erstaunlich, wie nah die Dinge heutzutage beieinanderliegen!

Geflasht von diesem Ergebnis, machte ich einen Screenshot:

An den weiteren Vorschlägen konnte ich gut erkennen, dass Google Suchanfragen nicht thematisch sortiert. Oder was hatte sonst die Postkarte in der Liste zu suchen? Okay, man könnte vielleicht mit einer Postkarte zu seiner Hochzeit einladen und gleichzeitig die Scheidung bekannt geben?!? Aber jetzt mal ehrlich. Der komplexe Algorithmus von Google funktioniert u. a. durch die Häufigkeit bestimmter Sucheinträge. Das bedeutet im Klartext: Auf fast jeden Menschen, der googelt, wie teuer eine Hochzeit ist, kommt ein anderer Mensch, der mithilfe der Suchmaschine herausfinden will, was eine Scheidung kostet. Heftig!

Dieser Screenshot brachte mich wirklich ins Grübeln. Ist das nicht ein krasses Sinnbild für unsere Generation? Ich meine in erster Linie weniger die Ehe oder aktuelle Scheidungsraten, sondern vielmehr das grundsätzliche Denken dahinter. Kann es sein, dass wir in einer Generation leben, die sich alle Türen offenhalten möchte und sich deshalb nicht mehr richtig festlegen kann?

Ich speicherte den Screenshot in meiner Notiz-App ab und schrieb mir einige Gedanken dazu auf. Wer weiß, vielleicht würde ich sie irgendwann mal brauchen können. Dann sah ich zur digitalen Informationstafel der Bahn hinauf. Mein Zug würde gleich eintreffen, stellte ich enttäuscht fest. Das war's dann mit einem leckeren Baguette und einem Wachmachkaffee. Während ich die Treppen zum Bahnsteig hochlief, schaute ich nochmals sehnsüchtig zum Bäcker zurück. Noch immer wusste ich nicht, wie teuer das Abheben an einem fremden EC-Kartenautomaten ist. Na ja, dafür hatte ich jetzt ein ganz anderes Thema, worüber ich nachdenken konnte. Die Rückfahrt war genau richtig dafür.

Der Zug hielt am Gleis, ich stieg ein und verabschiedete mich in Gedanken mit einem: „Ciao, Hannover – es war ein schönes Wochenende!"

DER DRUCK UNBEGRENZTER MÖGLICHKEITEN

Wir leben in Zeiten scheinbar unbegrenzter Möglichkeiten. *Alles ist möglich, wenn du nur daran glaubst!* Dieser und ähnliche Sätze prägen uns. Begriffe wie Freiheit und Selbstständigkeit werden großgeschrieben. Wir haben die freie Wahl und können unsere Zukunft selbst gestalten. Dabei stehen wir vor einer schier grenzenlosen Auswahl an Optionen. Vom Einkaufsregal im Supermarkt bis hin zu wegweisenden Entscheidungen im eigenen Leben: Wir dürfen bestimmen. Plattformen wie Amazon, eBay oder andere Onlineshops geben ein gutes Bild für die unfassbaren Wahlmöglichkeiten unserer Generation.

Doch das gilt nicht nur für unseren Konsum. Auch in beruflicher Hinsicht nehmen die Möglichkeiten von Jahr zu Jahr

zu. Im Studienjahr 2007/2008 gab es in Deutschland insgesamt 11 265 Studiengänge. Im Jahr 2018/2019 waren es bereits 19 559.*
Das ist ein Zuwachs von 8 294. Die Auswahl war noch nie größer. Und wahrscheinlich wird sie in den nächsten Jahren noch weiter wachsen.

Genau das ist die Zeit, in der wir leben. Eine Zeit unbegrenzter Möglichkeiten.

Dasselbe gilt natürlich auch für die Partnersuche. Mit großer Wahrscheinlichkeit haben sich unsere Urgroßeltern im vertrauten Umfeld kennengelernt. Vielleicht waren ihre Familien sogar schon vor ihrer Heirat befreundet. Die Auswahl war viel begrenzter, als sie das heute ist. Uns steht das gesamte Internet offen. Ein Kennenlernen beginnt meistens mit einem Like oder damit, dass wir uns das Profil eines anderen ausgiebig ansehen. 2003 gab es in Deutschland rund 3,5 Millionen aktive Nutzer auf Onlinedating-Börsen. Im Jahr 2017 waren es bereits 8,6 Millionen** – die Nutzer von Apps wie Tinder & Co. nicht mitgerechnet.

Doch die riesige Auswahl an Wegen, die wir einschlagen können, macht es für uns nicht gerade einfacher. Im Gegenteil: Es wird immer schwieriger, Entscheidungen zu treffen. Zwar genießen wir unsere Freiheit, Selbstständigkeit und Unabhängigkeit. Dabei übersehen wir jedoch eine wichtige Sache: Die Unmenge an Möglichkeiten erzeugt gleichzeitig einen ziemlich großen Druck.

Wir leben in einer Kultur, in der Selbstoptimierung und -verwirkung stark betont werden. „Dir stehen alle Türen offen, also hol das Beste aus deinem Leben heraus! YOLO – du lebst nur einmal." Diese bekannte Botschaft, die eigentlich motivieren und elektrisieren soll, kann einem auch Angst machen, oder?

---

* https://www.hrk.de/fileadmin/redaktion/hrk/02-Dokumente/02-06-Hochschulsystem/Statistik/HRK_Statistik_BA_MA_UEbrige_WiSe_2018_19.pdf [11.10.2019]

** https://de.statista.com/statistik/daten/studie/76504/umfrage/anzahl-der-nutzer-von-online-dating-boersen-seit-2003/ [11.10.2019]

Wenn alle Türen offenstehen, woher weiß ich, welche die richtige ist? Angenommen, ich entscheide mich für eine Tür, gehe hindurch und versuche, mein Ding zu machen. Plötzlich überfallen mich Probleme und Herausforderungen. Irgendwie stecke ich fest und komme nicht weiter. Dann höre ich durch die Wand das fröhliche Lachen vieler Menschen. Scheinbar läuft es auf der anderen Seite der Wand wesentlich besser. Sollte ich nicht vielleicht doch zurückgehen und die andere Tür nehmen? Jetzt kann ich noch! Vielleicht werde ich es sonst mein Leben lang bereuen. Auf keinen Fall will ich irgendetwas verpassen!

Letztlich treibt mich die Angst so weit, dass ich meinen aktuellen Weg verlasse und etwas Neues probiere. Im ersten Moment fühlt es sich richtig gut an ...

Übertrage dieses Bild auf was du willst. Ob auf materielle Dinge, das Studium, den Beruf, auf Freundschaften, andere Beziehungen oder die Ehe, in der du dich befindest: In vielen Bereichen unseres Lebens sind wir mit solchen Gedanken und Ängsten konfrontiert. Wir suchen nach dem möglichst perfekten Weg für unser Leben. Wir sind geprägt von dem Mindset, das Maximum aus unseren Möglichkeiten herausholen zu müssen. Am Ende unseres Lebens wollen wir zufrieden und glücklich sein.

Das große Problem dabei ist jedoch, dass immer wieder ein scheinbar besserer Weg vor unserer Nase auftaucht. Ein Produkt, das uns noch glücklicher machen soll. Ein Studium, das noch besser auf unser Stärkenprofil zugeschnitten ist. Ein Beruf, der mit noch mehr Freiheit und höherem Gehalt verbunden ist. Ein Partner oder eine Partnerin, der oder die scheinbar noch besser zu uns passt.

In einer Zeit unbegrenzter Möglichkeiten wird es immer „bessere" Wege geben, die uns verlockender scheinen. Ob wir es wollen oder nicht. Solche Gelegenheiten werden uns ein Leben lang begleiten und immer wieder neue Versprechen ins Ohr flüstern.

Die Frage ist nun, was wir damit machen. In erster Linie sind unbegrenzte Möglichkeiten ein großes Geschenk unserer Zeit. Das möchte ich überhaupt nicht kleinreden. Doch wenn wir davon getrieben sind, stets *den perfekten Weg* für unser Leben zu finden, bedeuten die unzähligen Möglichkeiten eben nicht nur Freiheit. Sie bedeuten auch Angst und Unbeständigkeit. Und genau dafür ist unsere Generation bekannt. Wir sind auf der Suche. Hin- und hergerissen. Unsicher. Unbeständig. Aber auch krass unverbindlich. Vielleicht liegt hierin auch der Ursprung dieser paradoxen Kombination von Suchvorschlägen bei Google.

Bei all den Herausforderungen unserer Zeit frage ich mich, was Gott sich ursprünglich für unser Leben gedacht hat. Kann es sein, dass wir aus Angst, etwas zu verpassen, all das verpassen, worum es eigentlich geht? Was, wenn Gott weniger auf den *perfekten* Weg für dich aus ist als vielmehr auf deine feste Entscheidung, *deinen* Weg zu gehen? Ist es nicht vielleicht auch gerade erst unsere Verbindlichkeit, die dem Weg jene Bedeutung schenkt, nach der wir uns so sehr sehnen?

Lass uns erst mal beim Beispiel von Hochzeit und Ehe bleiben. Wir alle suchen (mehr oder weniger) den *einen* Traumpartner fürs Leben. Und wenn wir ehrlich sind, erscheint es fast unmöglich, diesen perfekten Menschen zu finden. Ganz einfach deshalb, weil es ihn nicht gibt. Früher oder später fällt einem immer die rosarote Brille von der Nase.

Aber sollte unser Blickwinkel hier nicht genau andersrum sein? Was ist, wenn wir keinen Traumpartner suchen, sondern uns für einen Partner entscheiden, der dann zum Traumpartner wird? Nicht weil er perfekt ist, sondern weil wir uns eben für ihn entschieden haben? Weißt du, wie ich das meine? Lass es mich noch mal wiederholen: *Vielleicht ist es gerade erst unsere Verbindlichkeit, die dem Weg jene Bedeutung schenkt, nach der wir uns so sehr sehnen.*

Bitte versteh mich nicht falsch. Es geht mir in keinster Wei-

WAS, WENN GOTT WENIGER AUF DEN PERFEKTEN WEG FÜR DICH AUS IST ALS VIELMEHR AUF DEINE FESTE ENTSCHEIDUNG, DEINEN WEG ZU GEHEN?

se darum, vorschnelle und unkluge Entscheidungen im Leben zu treffen. Ich möchte einfach nur sagen, wie großartig das ist, was wir offenbar verloren haben. Nämlich Verbindlichkeit. Wir alle sind Kinder unserer Zeit und kämpfen mehr oder weniger mit der Herausforderung unbegrenzter Möglichkeiten. Deshalb ist für viele von uns das Thema um Verbindlichkeit und Beständigkeit nicht einfach. Auch für mich nicht.

Meinen größten Schritt der Verbindlichkeit tat ich am Tag meiner Hochzeit. Die Worte, die ich in meinem Eheversprechen formulierte, sollten für immer gelten. Für Nina. Für uns. Sie erfüllten eine tiefe Sehnsucht in unseren Herzen.

UNSERE TIEFE SEHNSUCHT NACH VERBINDLICHKEIT

Nachdem wir uns im Oktober 2017 verlobt hatten, begannen wir direkt mit der Planung unserer Hochzeit. Es war spannend zu sehen, wie unterschiedlich die Leute darauf reagierten. Nina und ich waren zum Zeitpunkt unserer Verlobung ungefähr 7 Monate zusammen. Unsere Hochzeit sollte am 1. September 2018 stattfinden. Das waren von der Verlobung aus nochmals 11 Monate und insgesamt anderthalb Jahre, die wir gemeinsam in einer Beziehung vor der Hochzeit verbrachten. Ein Zeitraum, der für manche Leute ungewöhnlich kurz zu sein scheint. Jedenfalls für so eine schwerwiegende Entscheidung.

Im Großen und Ganzen gab es zwei typische Reaktionen auf unseren Plan. Die einen sagten: „Na ja, wenn's passt, warum nicht!?" Die anderen waren dagegen eher besorgt und fragten skeptisch: „Wollt ihr euch nicht lieber noch ein bisschen Zeit lassen?" Ich bin mir sicher, dass viele Leute aus Höflichkeit das Erste sagten, doch das Zweite dachten. Und das ist auch verständlich, wenn man sich anschaut, wie viele Ehen nach kurzer

Zeit wieder auseinandergehen. Wir spürten jedenfalls an den Reaktionen der Leute ziemlich deutlich, dass es nicht gerade zum Mainstream gehörte, schnell zu heiraten. Oder besser gesagt, sich früh „festzulegen". Dennoch wollten wir diesen Schritt definitiv mit Gottes Hilfe wagen.

Und das taten wir. Der große Tag, er konnte kommen.

1. September 2018. Die Sonne scheint vom leicht bewölkten Himmel auf die idyllische Bergkirche. Der Klang der Glocken schallt durch die verträumten Gässchen des Dorfes. Um die Kirche herum sorgen prächtige Weinberge für ein einzigartiges Ambiente. Mittlerweile hat jeder der angereisten Gäste einen Sitzplatz gefunden. Das helle Kircheninnere ist schlicht und einfach gebaut – so, wie Nina und ich es lieben. Die langen Sitzbänke sind mit Verwandten, Bekannten und Freunden gefüllt.

Ich stehe vorne und warte ungeduldig. Lukas, der sich dazu bereit erklärt hat, mein Trauzeuge zu sein, ist an meiner Seite. Während mein Blick durch die vollen Reihen schweift, nicken mir einzelne Gäste herzlich zu. Ich höre die lautlosen Fragen in ihren interessierten Blicken: *Wie geht es dir gerade? Bist du aufgeregt? Wie fühlst du dich?* Meine Pumpe läuft auf Hochdruck. Ich spüre meinen eigenen Herzschlag. Die Aufregung nimmt von Minute zu Minute zu. Wenn ich nicht darauf achten würde zu lächeln, sähe mein Gesicht deutlich angespannter aus.

Mit einem Mal hören die Glocken auf zu läuten. Es wird ruhiger in der Kirche. Einige der Gäste drehen ihre Hälse neugierig zur Tür. Noch nichts. Lukas gibt mir eine letzte brüderliche Umarmung und setzt sich auf seinen Platz.

Nun stehe ich allein vorne. Stille. Ich merke, dass sich vor dem Kirchengebäude etwas tut. Durch die offene Kirchentür sehe ich die vier Brautjungfern die letzten Treppenstufen zum Eingang hinaufkommen. Ihre tannengrünen Kleider werden vom in die Kirche fallenden Sonnenlicht erhellt. Aus dem Augenwinkel beobachte ich, wie der Techniker, den wir extra für diesen Tag engagiert haben, dem Verantwortlichen am Laptop ein Signal gibt. Unser Lied ertönt durch die Lautsprecher. Nina und ich hatten es vorher gemeinsam ausgesucht.

Mit dem ersten Ton spüre ich, wie ein heftiger Strom überschwänglicher Freude und Aufregung durch meinen Körper fährt. Gleichzeitig merke ich, wie meine Augen feucht werden. Die Gäste erheben sich. Es geht los.

Die Brautjungfern beginnen nach und nach, den lang gezogenen Gang zu mir nach vorne zu laufen. Ihre Schritte folgen dem langsamen Takt der melodischen Musik. Dann endlich entdecke ich kurz hinter den Brautjungfern meine Nina mit ihrem Vater. Zum ersten Mal sehe ich sie in ihrem wunderschönen Brautkleid. Die Musik steigert sich. Ich kann meine Tränen nicht mehr zurückhalten. Das ist meine Frau! Mein Herz füllt sich mit Stolz, Dankbarkeit und tiefer Freude.

Nina kommt Schritt für Schritt näher auf mich zu. Mit jedem Meter verliere ich ein Stück mehr die Kontrolle über meine Freudentränen. Es bricht einfach nur so aus mir heraus. Die Gäste schauen hektisch abwechselnd zu Nina, dann zu mir. Manchen laufen selbst die Tränen hinunter. Was für ein Moment! Die ersten Brautjungfern kommen vorne an und stellen sich zu meiner linken Seite auf. Mein Blick ist fokussiert, wenn auch verschwommen.

Nina ist meine erste Freundin gewesen. Als ich sie kennenlernte, hatte ich vor lauter Schmetterlingen im Bauch Schwierigkeiten, ordentlich zu essen. Sie drehte meine Welt komplett auf den Kopf. Der Kampf, sie zu erobern, hat sich bis auf die letzte Sekunde gelohnt. Innerlich wie äußerlich definiert sie in meinen Augen echte Schönheit. Von Gott wunderbar und einzigartig gemacht.

Mittlerweile schauen Nina und ich uns direkt in die Augen. Ihr eindrucksvolles Brautkleid schenkt ihrer Schönheit an diesem Tag einen umwerfenden Ausdruck. Es sind nur noch ein paar Schritte. Ninas freudestrahlendes Gesicht zeigt mir, wie unbeschreiblich dieser Moment auch für sie ist. Sie sieht in mir ihren Mann. Und ich sehe in ihr meine Frau. Für immer.

Das ist unser Moment. Als sie vorne ankommt, greife ich nach ihrer Hand. Unsere Blicke hängen noch immer voller Freude aneinander. Nun stehen wir gemeinsam vor der Festgemeinde. Die letzten Noten der Musik klingen durch das schöne Kircheninnere. Die Musik fadet langsam aus. Hand in Hand setzen wir uns. Der feierliche Gottesdienst beginnt.

Nach einer kraftvollen Lobpreiszeit, gefolgt von einer bewegenden Predigt, geht es nun zielsicher auf die eigentliche Trauung zu. Mein Eheversprechen habe ich in der Seitentasche meines Jacketts deponiert. Ich hatte es am Laptop formuliert und dann noch am Vormittag sauber abgeschrieben. Sicherheitshalber taste ich mit meiner rechten Hand noch mal die Seitentasche ab. Das gute Stück ist da, stelle ich erleichtert fest. Wenn jemand es zustande bringen könnte, sein Eheversprechen irgendwo zu verlegen, dann ich.

Nina und ich stehen auf und gehen nach vorne zum Altar. Dort steht unser befreundeter Pastor Moor Jovanovski, der uns heute trauen wird. Nach seiner herzlichen Einleitung beginnt Nina, ihr Eheversprechen vorzulesen. Ihre Worte berühren mich auf eine tiefe Weise. Es sind nicht irgendwelche Worte. Es sind ihre Worte. An mich gerichtet. Ihr verbindliches Versprechen. Für alle Zeiten. Für Höhen und Tiefen. Berge und Täler. Krisen und Siege. Ihre Entscheidung.

Als sie mit ihren bewegenden Worten endet, schaut sie mir mit einem verliebten, Glück überströmten Blick tief in die Augen. Am liebsten würde ich sie schon jetzt leidenschaftlich küssen. Ich kann es nicht mehr abwarten. Lächelnd greife ich nach meinem Eheversprechen. Ich falte das Papier auseinander, atme einmal tief durch und fange an zu lesen. Dabei merke ich, wie meine Stimme etwas wackelig wird. Ich mache eine kleine Pause, um wieder an Kontrolle zurückzugewinnen. Dann lese ich weiter:

Auch wenn wir in Zeiten leben, in denen ein Eheversprechen scheinbar wenig bedeutet, möchte ich dir

heute mit meinen Worten eine bedingungslose Sicherheit schenken. Eine Sicherheit, die dir niemand nehmen kann. Eine Sicherheit, die meine Entscheidung für dich zum Ausdruck bringt. Ich werde dich niemals loslassen, Nina.

Vielleicht mögen Leute auf mich zukommen und sagen: „Wie kannst du so ein Versprechen machen? Du weißt doch gar nicht, welche Krisen auf euch zukommen werden."

Das mag sein. Doch ich weiß, welcher Gott auf unserer Seite ist. Nina, mit Gottes Hilfe möchte ich für unsere Liebe kämpfen, dich ehren und hochheben, dir vergeben und dich annehmen, immer hoffen und niemals aufgeben. Ich möchte dir ein guter Mann sein. Das ist mein Versprechen.

Überglücklich schauen wir uns in die Augen. Die gemeinsame Zukunft kann kommen.

Nach der obligatorischen Frage küssen wir uns. Das sind wir. Die Schindlers. Von nun an eins. Was für ein Geschenk! Am Ende der Trauung tanzen wir voller Freude mit dem Lied „Happy" von Pharrell Williams aus der Kirche. Die Feier kann beginnen!

BUCHSTABE ODER ALPHABET?

Verbindlichkeit kann etwas Wunderschönes sein. Ich glaube, tief in unserem Herzen sehnen wir uns alle danach, anzukommen, sicher und geliebt zu sein. Natürlich drückt sich diese Sehnsucht bei jedem von uns ganz unterschiedlich aus, bei Männern oft anders als bei Frauen. Doch wir alle kennen diese Sehnsucht. Sie ist tief in uns verankert. Nicht ohne Grund zählt die eigene Hochzeit in unserer Kultur zu den schönsten

Tagen im Leben. Vielleicht gerade deshalb, weil wir an diesem Tag die höchste Verbindlichkeit in Form von tiefer Liebe erleben.

Dabei zeigt sich die Wahrhaftigkeit des Eheversprechens natürlich erst im Alltag. Es ist einfach, von seiner romantischen Hochzeit zu erzählen. Doch es ist ein großes Stück Arbeit, auch am Ende seines Lebens immer noch glücklich zu der Entscheidung stehen zu können. Ich weiß, wie das aussehen kann. Meine Großeltern sind mittlerweile über 60 Jahre verheiratet. Ihre fürsorgliche Liebe im hohen Alter zeigt mir, wie stark Verbindlichkeit sein kann.

Doch ist es nicht oft im Leben so, dass der euphorische Anfang leichtfällt und dann merkt man erst auf dem Weg, wie viel es einen kosten kann? Damit meine ich nicht nur die Ehe. Es gilt genauso für die Ausbildung, das Studium, den Beruf, die Gemeinde und ganz besonders auch für seinen persönlichen Glauben.

Echte Verbindlichkeit kommt dann zum Vorschein, wenn das euphorische Gefühl aufhört. Es ist einfach, mit Begeisterung zu starten. Doch es braucht ein großes Maß an Beständigkeit, das Ziel zu erreichen. Gerade in einer Zeit wie dieser. Einer Zeit, in der die alternativen Möglichkeiten scheinbar ständig an die Tür klopfen.

Vor einiger Zeit hörte ich eine Predigt zu diesem Thema, die mich sehr ansprach. Der Prediger stellte dem Zuhörer diese einfache, aber doch so herausfordernde Frage: „Wie schnell bist du bei Plan B? Angenommen, du folgst Plan A und plötzlich kommen Herausforderungen, Probleme und Krisen auf dich zu. Wie schnell gibst du auf und bist bei Plan B? Oder besser gefragt: Bei welchem Buchstaben wirst du am Ende deines Lebens stehen?"

Dieser Gedanke brachte mich wirklich ins Grübeln. Werde ich am Ende meines Lebens ein ganzes Alphabet mit angefangenen Plänen besitzen oder sind da ein paar wertvolle Buchstaben, die ich wirklich durchgezogen habe? Werde ich am Ende meines Lebens ständig den Plan gewechselt haben, weil ich immer wieder einen (vermeintlich) besseren entdeckt habe, oder sind da eine Handvoll Pläne, die aufgrund meiner Entscheidung zu den besten wurden, die ich ausführen konnte? Werde ich am Ende meines Lebens unzufrieden sein mit all den halb fertigen Baustellen vor mir oder werde ich zufrieden sein mit den Dingen hinter mir, die ich für Gottes Ehre zu einem guten Ende führen konnte?

Und damit meine ich jeden Bereich des Lebens: Eine Frau, die ich versucht habe, mein Leben lang zu lieben. Ein Studium, das ich einfach mal durchgezogen habe. Eine Familie, für die ich Zeit hatte und um die ich mich gesorgt habe. Freundschaften, die durch meine Verbindlichkeit bis ins Alter gewachsen sind. Vergebungen und Versöhnungen, die ich versucht habe, aufrichtig zu leben. Ein Traum, der auch tatsächlich die Realität gesehen hat. Ein leidenschaftlicher Glaube, der selbst durch Zweifel und Enttäuschung gewachsen ist.

Am Ende ist es unsere Entscheidung, die Dinge durchzuziehen. Manchmal geht es eben nicht darum, sich alle Türen offenzuhalten, sondern alle weiteren zu schließen und sich für eine zu entscheiden. Das zu tun, wird uns eine Menge kosten.

Sicherlich gibt es im Leben Ausnahmen, in denen neue Türen geöffnet werden müssen. Ohne Frage! Das Leben ist zu kompliziert, um es durch eine Schwarz-Weiß-Brille zu sehen. Doch ich vertraue darauf, dass du verstehst, was ich meine. Deshalb möchte ich dich nun persönlich fragen: Hast du am Ende deines Lebens ein ganzes Alphabet an unfertigen Plänen angesammelt oder sind da ein paar Buchstaben, für die du wirklich gekämpft hast?

WAS MIR HILFT,
IM LEBEN VERBINDLICH ZU SEIN

Ich glaube, wir wissen alle, wie schwierig es sein kann, verbindliche Entscheidungen zu treffen. The struggle is real! Deshalb werde ich dir im letzten Teil dieses Kapitels davon erzählen, was mir hilft, meine Entscheidungen verbindlich durchzuziehen. Es geht in erster Linie um ein neues Mindset. Eine Denkweise, die mir hilft, nicht aufzugeben. Jeder Punkt ist mit einem Satz überschrieben, der den Punkt auf den Punkt bringt. So kannst du ihn einfach aus dem Buch rausschreiben und in Erinnerung behalten. Vielleicht helfen dir die Sätze, wenn du kurz davorstehst, etwas Großes in deinem Leben aufzugeben.

Es geht viel weniger um dich, als du denkst.

In unserer Gesellschaft dreht es sich häufig darum, wie wir das Beste aus unserem Leben herausholen können. Genau dadurch entsteht auch die große Angst, etwas zu verpassen. Aber darf ich dir ganz nüchtern etwas sagen? Es geht viel weniger um dich, als du denkst.

Wenn du die Bibel liest und ihr Glauben schenkst, dann wirst du davon lesen, dass Gottes Ehre im Mittelpunkt steht. Ihm geht es in erster Linie weder um deine Selbstverwirklichung noch um deinen Erfolg. Er könnte schnipsen und der Erfolg wäre da. Und er könnte ein zweites Mal schnipsen und er wäre wieder weg.

Das Leben ist ein Geschenk, um Gott großzumachen! Und das kannst du als einfache Aushilfe genauso wie als erfolgreicher Geschäftsmann. Beides hat seine Berechtigung. Doch es ist nicht der Punkt, um den es am Ende geht. Gott ist der Punkt, um den sich alles dreht. Wenn du also die Angst hast, etwas zu verpassen, dann kann ich dich beruhigen. Mit der Entscheidung, Gott zu ehren, hast du weitaus weniger verpasst, als du meinst. Du lebst bereits in deiner Bestimmung.

Es ist okay, Probleme zu haben.

Das größte Problem, das wir manchmal haben, ist die Überzeugung, keine Probleme haben zu dürfen. Es muss immer alles gut laufen. Und wenn es nicht gut läuft, ist es wohl nicht der richtige Weg.

Die meisten von uns verbringen täglich Zeit damit, dem scheinbar perfekten Leben anderer auf Social-Media-Kanälen zu folgen. Irgendwann entsteht das Denken im Kopf, dass der richtige Weg im Leben wohl problemlos verläuft. Man muss ihn halt nur finden. Wie schön, dass es dafür unzählige Videos im Netz gibt. Sie versprechen einem das Glück in fünf einfachen, mühelosen, schnellen Schritten. Der Weg dahin wurde verschüttet, doch nun ist er wieder für jeden zugänglich. Entdeckt von einem legendären YouTuber. Herzlich willkommen im problemlosen Leben!

Ich sage dir heute zur Abwechslung mal was anderes: Es ist okay, Probleme zu haben. Jeder hat sie. Wenn du Widerstand auf deinem Weg erlebst, bedeutet es nicht, dass es der falsche Weg ist. Vielleicht bedeutet es sogar das exakte Gegenteil. Denk mal drüber nach.

Wenn du in die Bibel schaust, wirst du von Dutzenden Menschen lesen, die ihre Probleme hatten. Und es war okay, dass sie mit ihnen kämpften. Die Probleme waren oft auch nicht über Nacht verschwunden. Es brauchte Zeit und Geduld. Es brauchte einen Prozess.

Ich habe dir in diesem Buch viel von meinen Prozessen und Problemen erzählt. Einige durfte ich überwinden. Mit anderen kämpfe ich noch immer. Die Gewissheit, dass es okay ist, hat mich echt entspannt. Ich bleibe auf meinem Weg.

Deine Sehnsucht ist der Schatz der Medien.

Werbung baut auf der Prämisse auf, Kunden ein Versprechen zu machen. „Wenn du …, dann wirst du …!" Das Versprechen bringt Erfolg, wenn es glaubwürdig und authentisch die tiefsten Bedürfnisse des Kunden anspricht. So einfach funktioniert das. Dieses Grundmuster zieht sich durch die gesamte Medienlandschaft, selbst durch Blogs und YouTube-Kanäle. Eben überall, wo Menschen etwas verkaufen wollen. Ob nun ein Produkt oder Content. Deine Sehnsucht wird so zum größten Schatz der Medien.

Was bedeutet das nun ganz praktisch für unsere Verbindlichkeit im Leben? Wenn du dich das nächste Mal von einem Werbeversprechen angesprochen fühlst, dann chill erst mal kurz. Schau dem Ganzen nüchtern in die Augen und verstehe, was da passiert. Es ist normal, dass dich bestimmte Versprechen triggern. Das ist schließlich die Absicht unzähliger Medienleute. Sie treffen zielsicher deine tiefsten Sehnsüchte. Doch wenn du nicht aufpasst, wirst du zum Esel, dem eine Möhre vor den Kopf gespannt wurde. Vor lauter Enttäuschung läufst du von einem Versprechen zum nächsten. Am Ende findest du dich in einem unverbindlichen Hamsterrad wieder.

Wenn mir aktuell etwas begegnet, was mich stark triggert, lobe ich innerlich erst mal die Werbeleute dahinter. Das passiert zum Beispiel ganz häufig mit neuen Apps. Ohne Witz, du wirst es nicht glauben, aber ich bin tatsächlich ein richtiger App-Junkie. Ich liebe es, neue Anwendungen zu entdecken, die mein Leben leichter machen. Also ich meine solche To-do-Apps für Aufgaben, innovative Kalender für meine Termine oder einfach Notiz-Anwendungen, die mir helfen, meine ganzen Predigt- und Videoideen zu sortieren.

Und gerade dann, wenn ich mich im Alltag völlig unorganisiert, chaotisch und unstrukturiert fühle, kommt plötzlich so eine neue App daher, die mir verspricht, mein gesamtes Chaos aus dem Weg zu räumen. Du magst lachen, aber für mich ist es manchmal gar nicht so einfach, Nein zu sagen.

Nun ist natürlich eine neue App nicht lebensentscheidend. Darüber bin ich mir im Klaren. Doch das Beispiel hilft vielleicht zu verstehen, wie schnell man versucht ist, in seiner persönlichen „Not" auf irgendwelche Versprechen einzugehen. Am Ende stellt man fest, dass es doch vielleicht besser wäre, bei seinem ursprünglichen Weg zu bleiben. Selbst bei Apps ist es so, dass es erst die Beständigkeit ist, die den Features ihren wahren Wert gibt.

Gottes Wille ist eher ein Spielfeld als ein Bauplan.

Ich habe mir als Jugendlicher ziemlich lang die Frage gestellt, was Gottes Wille für mein Leben ist. Dabei hatte ich auch manchmal die Angst, Gottes Plan für mein Leben zu verpassen. Was ist, wenn ich eine falsche Entscheidung treffe und plötzlich nicht mehr das tue, was sich Gott eigentlich für mein Leben vorgestellt hat?

Gleichzeitig fragte ich mich, wie ich Gottes Reden noch konkreter wahrnehmen konnte. Unter Christen hörte ich häufig Sätze wie: „Gott hat mir gesagt, ich soll das und das machen." Sie wussten scheinbar haargenau, was Gottes Plan für ihr Leben war. Das frustrierte mich manchmal. Gerade in der Zeit, wo ich noch nicht so genau wusste, wohin es mit mir gehen sollte. Ich hatte die Vorstellung, dass Gottes Wille für mein Leben wie ein exakt vorgeschriebener Bauplan ist.

Heute sehe ich das ein bisschen anders. Gottes Plan ist für mich eher ein Spielfeld mit einem klaren Rahmen. Doch innerhalb der Linien kann ich frei dafür leben, ihn zu ehren. Ich muss nicht bei jeder Entscheidung Angst haben, seinen Plan für mein Leben zu verlassen. Vielmehr versuche ich, mir die Frage nach dem Rahmen zu stellen. Liebe ich Gott und Menschen mit meinem Vorhaben? Dann kann ich diesen Weg gehen.

Jemand hat einmal gesagt, dass man als Christ eher auf die roten Ampeln schauen sollte als sein Leben lang auf die grünen zu warten. Gott hat bereits so viel von seinem Willen in der Bibel offenbart, dass ich mir nicht bei jeder Sache sein Go abholen muss. Er hat bereits gesagt: „Geht in die ganze Welt und macht Menschen zu meinen Jüngern. Liebt Gott und liebt Menschen. Ehrt Gott mit eurem ganzen Leben." Das sind klare Rahmenbedingungen, die ich bei allem, was ich tue, fokussieren kann. Wie ein Filter, den man auf ganz unterschiedliche Bilder legen kann.

Vielleicht wartest du ja schon lange auf deine grüne Ampel. Wenn dem so ist, ermutige ich dich, genauer hinzuschauen. Steht sie nicht vielleicht schon auf Grün? Gottes Plan für dein Leben ist nach meiner Auffassung so viel weiter als ein exakter Bauplan. Es ist ein Spielfeld, auf dem du Gott großmachen kannst. Wage den Schritt und sei bereit, *auf dem Weg* Gottes Reden zu hören. Vor allem aber, gehe diesen Weg verbindlich.

Das Ergebnis liegt häufig im Prozess verborgen.

Sehr oft geben wir unseren bisherigen Plan auf, weil wir keine sichtbaren Ergebnisse erkennen können. Doch wie bereits im ersten Kapitel „Prozess vor Moment" erwähnt, liegt das Ergebnis häufig im Prozess verborgen. Dadurch ist es manchmal extrem schwierig, das Ergebnis mit unserem menschlichen Verstand zu greifen.

Jesus hat mal zu seinen Jüngern gesagt: „Ich bin der Weinstock, und ihr seid die Reben. Wenn jemand in mir bleibt und ich in ihm bleibe, trägt er reiche Frucht; ohne mich könnt ihr nichts tun" (Johannes 15,5). Diese Frucht, von der Jesus hier spricht, ist in meinen Augen schwer in Zahlen oder Daten zu messen. Sie liegt vielmehr verwurzelt in der Treue zu ihm und in der Abhängigkeit von ihm. In einem Prozess, der weitaus komplexer ist als eine Exceltabelle voller Zahlen.

Führe dir dazu mal die unzähligen Missionare vor Augen, die

in den vergangenen Jahrhunderten in fernen Ländern versuchten, das Evangelium zu verkünden. Viele von ihnen waren – aus menschlicher Perspektive betrachtet – alles andere als erfolgreich. Sie hätten aufgeben können, weil sie keine Resultate sahen. Doch viele von ihnen hielten durch. Sie waren verbindlich in dem, was Gott ihnen aufs Herz gelegt hatte.

Der Grund, weshalb heute viele Länder eine geistliche Erneuerung erleben, liegt oft in der Verbindlichkeit genau dieser Missionare, die gesät haben, ohne sichtbar zu ernten. Manchmal ist die Ernte eben noch verborgen. Einige Missionare heute dürfen die Früchte davon sehen, dass andere vor ihnen treu waren.

Deshalb fühle dich ermutigt! Nur weil du bisher wenig Frucht in deinem Studium, auf deiner Arbeit, in deiner Partnerschaft oder auch in deinem persönlichen Glauben siehst, bedeutet das nicht, dass du erfolglos bist. Gott betrachtet dein Leben mit ganz anderen Augen und sieht viel tiefer, als wir es tun können.

All das bedeutet natürlich nicht, dass es nicht auch Momente gibt, in denen man Prozesse nach ihrer Wirksamkeit hinterfragen sollte. Doch ich rate dir und mir, es nicht auf Kosten der Verbindlichkeit zu tun.

DIE GRÖSSTE VERBINDLICHKEIT DER GESCHICHTE

Ich habe dir in diesem Kapitel davon erzählt, wie schön und zugleich schwer Verbindlichkeit für uns ist. Das Ganze fing an mit einem kuriosen Google-Suchvorschlag. Es ging weiter mit dem Druck der unbegrenzten Möglichkeiten. Und unserer tiefen Sehnsucht anzukommen. Für etwas zu kämpfen, leidenschaftlich zu lieben und verbindlich dranzubleiben. Am Ende seines Lebens stolz zu sein auf die Dinge, die man durchgezogen hat.

Genau darum ging es mir in diesem Kapitel. Ich wollte dich ermutigen, dein Leben vor Gott verbindlich zu leben. Vor dem Gott, der selbst der Verbindlichste von allen war, ist und immer sein wird. Das, was er getan hat, übersteigt jede Form menschlicher Verbindlichkeit. Sie definiert sich in einem Wort: Liebe.

Vor 2000 Jahren passierte das Unvorstellbare: Jesus Christus, Gott selbst, kam auf diese Erde und lebte für eine Mission. Er wollte die Menschen zurück nach Hause lieben. Die Bibel spricht davon, dass wir Menschen uns gegen Gott aufgelehnt hatten. In der Überzeugung, es ohne Gott zu schaffen, kehrten wir ihm den Rücken. Marschierten auf eigene Faust los auf der Suche nach Sinn und Bestimmung.

Doch nichts konnte uns wirklich Frieden schenken. Stattdessen fühlten wir uns wie ein Gefäß mit einem Leck. Wie ein Smartphone ohne Ladekabel. Wie eine Pflanze ohne Wasser. Wie ein Reisender ohne Ziel. Wie ein Mensch ohne Bestimmung. Die Sehnsucht brachte uns an Orte, an denen wir eigentlich gar nicht sein wollten. Wir taten Dinge, die wir nachher bereuten. Verloren den Glauben daran, dass wir etwas wert sind und geliebt. So gaben wir die Suche resigniert auf. Lebten unser Leben so vor uns hin. Getrennt von Gott und tief enttäuscht.

Diese Trennung von Gott beschreibt die Bibel als Zielverfehlung (ein anderes Wort für Sünde). Sie geht sogar so weit zu sagen, dass der Tod die Konsequenz für diese Sünde ist. Die ewige Trennung von Gott.

Da stehen wir also, auf verlorenem Posten. In dem Glauben, *mit* Gott etwas zu verpassen, haben wir *ohne* ihn alles verpasst, worum es eigentlich ging: eine Ewigkeit mit ihm zu verbringen.

Doch vor 2000 Jahren nahm die Geschichte eine dramatische Wendung. Jesus Christus starb am Kreuz einen grausamen Tod. Und er tat es für dich. Er trug am Kreuz die Konsequenz, die du verdient hättest: den Tod.

Doch nicht genug damit. Am dritten Tag war sein Grab leer und der Tod besiegt. Jesus war auferstanden! Und mit der Auferstehung war eine neue Hoffnung geboren. Eine unverdiente Vergebung geschenkt. Jede Angst besiegt. Und die Beziehung zu ihm wiederhergestellt. Das ist die Botschaft. Das ist unser Evangelium.

Gott ging diesen Schritt, um dir zu zeigen, wie sehr er dich liebt. Seine Liebe zeigt uns die größte Verbindlichkeit, die unsere Welt jemals gesehen hat. Er war Gott. Er wurde Mensch. Er starb als Verbrecher. Ja, er gab sein Leben. Für dich. Für mich. Für immer.

Deine Entscheidung gegen ihn ändert nichts an seiner Entscheidung für dich. Er steht zu seinem Wort. Verbindlich. Wenn du dein Leben lang vor ihm weggerannt bist, dann dreh dich um. Er steht direkt hinter dir. Während ich diese Zeilen schreibe, laufen mir Tränen über die Wangen. Das ist mein Gott.

> Ich habe dich nie verlassen. Ich bin dir nachgerannt.
> Kehre um zu mir und nimm meine Vergebung an.
> Du bist mein geliebtes Kind.

KEYPOINTS

1. In einer Zeit unbegrenzter Möglichkeiten wird es immer „bessere" Wege geben, die uns verlockender scheinen. Doch manchmal geht es eben nicht darum, sich alle Türen offenzuhalten, sondern alle weiteren zu schließen und sich für eine zu entscheiden.

2. Verbindlichkeit schenkt unserem Weg jene Bedeutung, nach der wir uns so sehr sehnen. Tief in unserem Herzen wünschen wir uns alle anzukommen, sicher und geliebt zu sein. Doch all das wird erst möglich durch Verbindlichkeit.

3. Wenn du Widerstand auf deinem Weg erlebst, bedeutet es nicht, dass es der falsche Weg ist. Vielleicht bedeutet es sogar das exakte Gegenteil. Kämpfe für deine Entscheidung. Nur weil du bisher wenig Frucht auf deinem Weg siehst, heißt das nicht, dass du erfolglos bist. Gott betrachtet und bewertet dein Leben mit ganz anderen Augen, als wir es tun.

4. Werden wir am Ende unseres Lebens ständig den Plan gewechselt haben, weil wir immer wieder einen (vermeintlich) besseren entdeckt haben, oder sind da eine Handvoll Pläne, die aufgrund unserer Entscheidung zu den besten wurden, die wir ausführen konnten?

SCHLUSS

FÜR DIE VISION, DICH ZU ERMUTIGEN

Dieses Buch zu schreiben, war für mich eine der größten Aufgaben, die ich bisher in meinem Leben vollbracht habe. Die Zweifel und Ängste, es nicht zu schaffen, waren unvorstellbar groß. Es gab Momente, in denen ich mir die Worte im Kopf zurechtlegte, um meiner Lektorin zu sagen, dass ich aufgeben werde.

Viele der Kapitel, die du in diesem Buch gelesen hast, waren anfangs ein völliges Wirrwarr an unterschiedlichen Gedankensträngen. Und das, obwohl ich bereits unzählige Stunden mit ihnen verbracht hatte. Ich kämpfte damit, den roten Faden beim Schreiben zu finden.

Häufig kam es vor, dass ich mir in meinen eigenen Texten selbst widersprach. An anderen Punkten formulierte ich so komplizierte Sätze, dass niemand sie verstand. Nicht mal meine Lektorin Konstanze. Für mich ist sie ein wahres Glaubensvorbild. Die Entscheidung, mit mir ein Buch zu schreiben, einem Möchtegern-Autor, der in seinem Leben nie mehr als ein Blog oder eine Hausarbeit verfasst hat, war ein echter Schritt aufs Wasser. Ich bin mir sicher, dass selbst Konstanze in manchen Momenten das bedrohliche Gefühl verspürte, dass wir sinken. Dennoch versuchte sie, den Glauben an dieses Buchprojekt niemals aufzugeben. Sie sagte immer: „Wenn es umkämpft ist, dann ist es wohl besonders wichtig."

Ich gab also mein Bestes, um meinen Schreibstil weiter zu verfeinern. Auf YouTube guckte ich mir Dutzende Videos übers Schreiben an. Ich las Blogs von erfolgreichen Autoren und versuchte, von etablierten Romanen zu lernen, wie man fesselnde Geschichten erzählt.

Mit der Zeit machte ich allmählich Fortschritte. Mein Schreibstil wurde lebendiger, bunter und vor allem nachvollziehbarer. Hoffnung kam auf, dass ich es doch schaffen könnte. In meinen Gebeten rang ich mit Gott um Klarheit, Disziplin und Durchhaltevermögen. Ich lernte, meine Stimmung nicht von einzelnen Tagen abhängig zu machen. Vielmehr versuchte ich, von Woche zu Woche zu denken. Einzelne Schreibtage konnten wahrlich eine Katastrophe sein. Am Abend hatte ich mehr vom Text gelöscht als geschrieben. Doch der Blick auf die gesamte Woche gab mir das Gefühl, vorangekommen zu sein. Ich versuchte, die Katastrophentage in meinen Zeitplan mit einzukalkulieren. Sie waren eben ein Teil des Prozesses. Und so ging es Stück für Stück voran.

Heute liegen in diesem Buch über 300 Stunden Schreibarbeit. Doch das Schönste daran ist, dass das Ergebnis dieser Arbeit heute in deinen Händen liegt. Jede einzelne Stunde hat sich gelohnt. Der Gedanke daran, dich mit diesen Seiten zu ermutigen, hat mich durch meine Ängste, Zweifel und Kämpfe hindurchgetragen. Er hat mich motiviert dranzubleiben.

Dabei sind all diese Dinge – das Buch, die Arbeit mit STAYONFIRE und alles, was noch kommen mag – nur ein Ausdruck meiner Lebensvision. Diese Vision kann mir niemand nehmen. Solange ich atme, möchte ich dafür Leben, Menschen im Glauben zu ermutigen. Selbst wenn es dazu kommen würde, dass wir STAYONFIRE (aus welchen Gründen auch immer) beenden müssten. Die Vision würde ich dennoch weiter in meinem

Herzen tragen. Sie ist unabhängig von jeder menschlichen Initiative oder Organisation. Vielmehr ist sie der göttliche Impuls, der mich dahin führt, Projekte wie STAYONFIRE zu starten.

Ich möchte mir zu jeder Zeit meines Lebens die Frage stellen, was ein guter Weg wäre, um Menschen im Glauben zu ermutigen. In Zeiten des Internets ist es nun mal eine Onlineplattform, die mir einen unvorstellbaren Horizont an Möglichkeiten schenkt. Genau das ist der Grund, warum ich STAYONFIRE im Oktober 2014 gegründet habe. Schon oft habe ich mir die Frage gestellt, wo ich heute stehen würde, wenn ich diesen Schritt mit Lukas nicht gewagt hätte. Was würde ich heute tun, wenn es STAYONFIRE nicht geben würde? Erstaunlicherweise habe ich auf diese Frage eine ganz schnelle und einfache Antwort gefunden: Ich würde STAYONFIRE heute gründen.

Nicht weil es um STAYONFIRE geht,
sondern deshalb, weil STAYONFIRE ein guter Weg ist,
um die Vision zu leben, die in meinem Herzen brennt.
Dich im Glauben zu ermutigen.

Ich möchte es mit, durch und für Gott tun.

DANKSAGUNG

Ein großes Dankeschön an:

meine Frau Nina, dass du mich auf meinem Weg zu diesem Buch unterstützt, verstanden und getragen hast. Dein Glaube an das Buchprojekt war immer größer als meine Zweifel.

Mama und Papa, dass ihr mich bedingungslos liebt und mir ein Bild davon gegeben habt, was es heißt, sein Leben mit Jesus zu leben. Ich bin stolz, euer Sohn sein zu dürfen.

meine Brüder Julius, Titus und Philippus, dafür, dass ihr an mich glaubt und mich fördert. Euch an meiner Seite zu haben ist ein echtes Geschenk.

meine Oma Gisela und meinen Opa Gerhard, für euer großes Vorbild im Glauben, aber auch in der Ehe. Euer Leben hat mehr positive Spuren in mir hinterlassen, als ihr denkt.

all meine besten Buddys: Lukas, Johann, Tobias und Lars. Ohne euch wäre das Leben nur halb so schön. Ohne Witz, ich liebe es einfach, mit euch das Leben zu feiern!

alle Leiter und Mitarbeiter aus dem ICF Grünheide, dem Theologischen Seminar Erzhausen, der Move Church und der EFG Bad Kreuznach. Ihr habt Zeit und Energie in meine Berufung investiert. Danke insbesondere an Familie Kretzschmar, Johannes Schneider, Dietmar Schwabe, Antonio Weil, Moor Jovanovski, Mathias Krummradt und Uwe Grundei.

das Team hinter STAYONFIRE: Annemieke, Fabian, Joél, Mona, Jonathan, Nadine, Paulin, Miri, David. Danke, dass ihr eure Begabung dafür einsetzt, Menschen im Glauben zu ermutigen. Ich liebe euch!

an alle Crew-Mitglieder von STAYONFIRE. Eure Großzügigkeit macht unsere Arbeit möglich. Gott möge euch dafür unfassbar segnen!

meine Lektorin Konstanze, für deine Geduld, deine Herzlichkeit und Kompetenz. Du hast mir das Schreiben echt ganz neu beigebracht! Die gemeinsame Arbeit an diesem Buch werde ich niemals vergessen.

Jesus, meinen Freund, Retter und König. Du bist der Ursprung und das Ziel dieses Buches. Ohne deine Kraft und Inspiration hätte ich es nicht geschafft!

STAYONFIRE GIBT'S AUF:

DIE APP FÜR

WWW.STAYONFIRE.DE